Inhaltsverzeichnis

Schuld – Gewissen – Vergebung

Stars und Idole – Vorbilder und Ideale

Auf dem Weg zum Erwachsenwerden

Freundschaft – Partnerschaft

Die großen Weltreligionen

Z = Zusatzaufgabe

9783403201410

Schuld (1)

1 Schlagzeilen

„Als ich im Krankenhaus lag, betrog er mich mit meiner Freundin.“

Versicherungsbetrug

Weil er hohe Schulden hatte, zündete er das eigene Haus an.

Rauschgift

Die 14-Jährige beschaffte sich das Geld durch Prostitution.

Abgeschoben

Kaum hatte sie ihr Vermögen überschrieben, wurde die alte Dame ins Altersheim gebracht.

Mobbing

Ständige Belästigung trieb Jugendlichen in den Selbstmord.

Rechtsradikal

An einer Bushaltestelle wurde ein Afrikaner von Jugendlichen zusammengeschlagen.

a) Äußere dich zu den einzelnen Schlagzeilen. Erkläre die jeweils angedeutete Situation.

b) Suche nach den Gemeinsamkeiten der sechs Beispiele und finde eine Überschrift.

c) Erfinde (oder suche) selbst solche Schlagzeilen.

Schuld (2)

❷ Schuldig werden gehört zum menschlichen Leben.

Jeder Mensch wird im Laufe seines Lebens – gewollt oder auch ungewollt, bewusst oder unbewusst – mehrfach schuldig. Schuld gehört mit zum Leben der Menschen. Wie schwer es ist, Schuld zu vermeiden, können wir am Beispiel „Lügen" nachempfinden.

Nele lügt, als sie abends zu spät nach Hause kommt.

Luka lügt, als der Lehrer nach der Unterschrift fragt.

Simone lügt, als der Polizist sie fragt, ob sie den Unfall genau beobachtet hätte.

Tom lügt, als die Mutter wissen will, wo das Geld für den Ausflug geblieben ist.

Malte lügt, als er beim Verkauf seines Gebrauchtwagens gefragt wird, ob der Wagen einen Unfall hatte.

Lea lügt, als ihr Chef fragt, warum der Termin nicht im Kalender steht.

a) Sprecht über die geschilderten Verhaltensweisen und sucht nach den Ursachen für das Lügen.

b) Was verstehst du unter einer „Notlüge"? Nenne Beispiele.

c) Gibt es Situationen, in denen es notwendig ist zu lügen?

....

....

....

....

....

....

❸ Suche entsprechende Beispiele für ein anderes typisches Schuldverhalten, wie z. B. etwas zu stehlen oder jemanden schlechtzumachen.

....

....

....

....

....

....

Schuld (3)

❹ Schuldig oder nicht schuldig?

„Schicken Sie mir doch den Michael in der nächsten Pause. Ich werde mich dann mit ihm unterhalten." Mit diesen Worten ging Rektor Schulze zurück in sein Büro. Gerade hatte ihn die Klassenlehrerin darüber informiert, dass mit Michael einiges nicht in Ordnung sei. „Er ist so bedrückt, in den Leistungen abgefallen und meldet sich kaum noch. Oft wirkt er abwesend. Alle Versuche, mit ihm ins Gespräch zu kommen, sind gescheitert. Vielleicht haben Sie mehr Glück. Mag sein, dass er mit mir als Frau nicht reden will."

Zwei Stunden später stand Michael im Zimmer von Rektor Schulze. Nach einigen belanglosen Worten kam die entscheidende Frage: „Michael, was ist los mit dir? Du wirkst so abwesend. Hast du Probleme?" Der Junge zuckte mit den Schultern und schüttelte den Kopf; kein Wort kam über seine Lippen. „Schau mal", versuchte es Rektor Schulze weiter, „wir machen uns Sorgen um dich. Du bist doch ein guter Schüler." Michael schien aufzublicken, aber nur für einen Augenblick. Dann murmelte er etwas Unverständliches. „Ich habe dich nicht verstanden", bohrte der Schulleiter weiter, „hat es etwas mit der Schule zu tun? Oder ist zu Hause etwas nicht in Ordnung?" „Zu Hause, das geht Sie nichts an!" Jetzt wurde Michaels Stimme trotzig. Rektor Schulze versuchte es noch einmal. „Michael, ich will dir doch nur helfen, aber dazu musst du mir auch sagen, was dich so bedrückt." Michael schüttelte wieder den Kopf und sagte gar nichts mehr.

„Heute kommen wir nicht weiter", schloss schließlich Rektor Schulze das Gespräch, „überlege es dir noch einmal in Ruhe. Mein Angebot gilt: Du kannst mich jederzeit sprechen, notfalls sogar telefonisch am Abend."

Die nächsten beiden Tage tat sich nichts. Am Donnerstagmorgen gegen 11.30 Uhr wollte Rektor Schulze gerade sein Zimmer abschließen. Er wollte eigentlich schon früher weg, war aber mehrfach aufgehalten worden. Er musste sich beeilen, wenn er den Termin beim Zahnarzt einhalten wollte. Spätestens um 12.00 Uhr musste er da sein, sonst war eine Behandlung nicht mehr möglich. Die Schmerztabletten, die er morgens genommen hatte, verloren immer mehr ihre Wirkung. Die Wange schmerzte. Rektor Schulze holte tief Luft, als er eine Stimme hörte: „Ich muss Sie dringend sprechen!" Michael stand vor ihm. „Das geht nicht", sagte der Schulleiter, „ich muss zu einem dringenden Termin." „Aber es muss jetzt sein!", reagierte Michael trotzig und laut. Rektor Schulze wurde ärgerlich, der Schmerz pochte in seinem Zahn. „Michael, es war Zeit genug! Ich kann im Moment nicht. Du kannst ja notfalls heute Nachmittag anrufen, wenn es so dringend ist." Damit ließ er den Jungen stehen und eilte zu seinem Auto.

Am Nachmittag klingelte das Telefon. Es war sein Stellvertreter. „Herr Schulze, ich wollte Ihnen nur mitteilen, dass der Michael aus der 8b heute gegen 11.40 Uhr unerlaubt die Schule verlassen hat. Er ist, ohne auf den Verkehr zu achten, einfach über die Straße gelaufen und dabei von einem Lkw erfasst worden. Jetzt liegt er auf der Intensivstation des Krankenhauses in …

a) Beschreibe die beiden Hauptpersonen.

b) Gibt es Schuldige an diesem Unfall?

c) Bewerte das Verhalten des Schulleiters.

d) Welchem Teil der Überschrift stimmst du zu?

e) Wie wird sich der Schulleiter nach dem Telefongespräch fühlen?

Z Angenommen, Rektor Schulze führt ein Tagebuch. Was würde er wohl für den Donnerstag eintragen? Notiere!

Schuld (4)

❺ **Schuldig werden – leicht kann's geschehen.**

a) Betrachte die folgenden Beispiele. Kreuze an, was auch dir passieren könnte.

- ☐ eine Beleidigung per Smartphone versenden
- ☐ vor Wut dem Nachbarn das Auto zerkratzen.
- ☐ eine rote Ampel überfahren
- ☐ ein gegebenes Versprechen nicht halten
- ☐ im Kaufhaus etwas stehlen
- ☐ den Hund vor dem Urlaub aussetzen
- ☐ lügen, um etwas leichter zu bekommen
- ☐ die Haftpflichtversicherung betrügen

b) Ergänze die Beispiele. Wobei könntest du auch schuldig werden?

❻ **Erfinde zu der dargestellten Szene eine kleine Geschichte.**

❼ **Erläutere, was dieser Vorfall mit Schuld zu tun hat.**

❽ **Man spricht in einem solchen Fall von *moralischer* Schuld. Erkläre den Begriff.**

❾ **Beschreibe das Bild.**

❿ **Wer hat in dieser Szene Schuld?**

⓫ **Worin besteht der Unterschied zum vorigen Beispiel?**

⓬ **Wie könnte man diese Art von Schuld umschreiben?**

Schuld (5)

⓭ Moralische Schuld – rechtliche Schuld

Entscheide bei den folgenden Beispielen, ob moralische (m) und/oder rechtliche (r) Schuld vorliegt. Begründe!

- ☐ Als der Kontrolleur die Fahrkarten überprüfen will, erschrickt Ole. Er hat die neue Hose an und vergessen, die Fahrkarte umzustecken.
- ☐ Katharina findet auf dem Bahnhofsvorplatz ein Portemonnaie mit mehreren großen Geldscheinen. Sie freut sich, steckt es ein und behält es.
- ☐ Sebastian fährt in seinem Auto mit total abgefahrenen Reifen zur Disco und nimmt noch zwei Freunde mit.
- ☐ Herr Klein betrügt während der Kur seine Ehefrau. Er hofft, dass sie nichts davon merkt.
- ☐ Sabine verspricht der Mutter, ihr Zimmer aufzuräumen, da abends deren Schulfreundin zu Besuch kommt. Als Mutter diese später stolz durch das Haus führt, sieht es in Sabines Zimmer aus, als hätte „eine Bombe eingeschlagen".

Z Erfinde selbst solche kurzen Schilderungen zum Thema Schuld, die entweder den moralischen oder den rechtlichen Aspekt berücksichtigen.

⓮ Die Fahrerflucht

„Hätte ich nur …" Unzählige Male hat sich Gunter Michels schon diesen Satz gesagt. Und dann sieht er wieder vor sich, was in jener Nacht passierte: Nach einem Discobesuch war er auf dem Heimweg. Drei Bier hatte er getrunken, er war sich sicher, dass das bisschen Alkohol ihm nichts ausmachte. Und er fuhr nicht einmal schnell, als ihm in einer lang gezogenen Kurve ein Moped entgegenkam. Der Fahrer schleuderte und Gunter erwischte ihn mit der Seite. Er hielt an und sah die reglose Gestalt am Boden liegen. Polizei, Blutprobe, Führerschein, das alles ging ihm durch den Kopf. Er brauchte sein Auto, wie sollte er sonst zur Arbeit kommen? Ohne nachzudenken gab er Gas und raste davon. Der Zusammenstoß konnte nicht so schlimm gewesen sein und außerdem, da hinten kam ein Auto. Die werden sich sicher um den Verletzten kümmern …

a) Äußere dich zu dem Satz „Hätte ich doch nur …". Was wirft sich Gunter Michels vor?

b) Was bedeuten seine Vorwürfe für sein weiteres Leben?

c) Womit muss er rechnen?

d) Trage ein, wie sich Menschen fühlen können, die schuldig geworden sind.

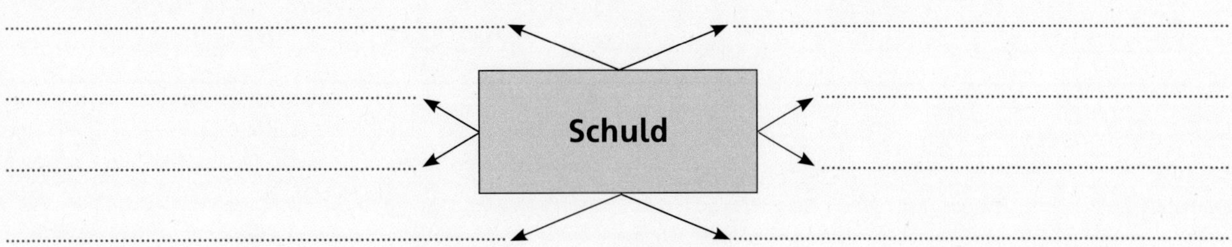

Gewissen (1)

❶ Das Gewissen – drei unterschiedliche Situationen

Die Clique

Marcel gehört seit gestern zu einer Clique. Heute soll jeder etwas im Supermarkt mitgehen lassen. Marcel fummelt noch an seinem Fahrrad, als die anderen schon längst im Markt verschwunden sind. Drinnen glaubt er, dass jeder ihn anstarrt. Sogar die Kamera scheint auf ihn gerichtet zu sein. Marcel nimmt nur eine Tafel Schokolade und schmuggelt sie unbemerkt nach draußen. Obwohl er sonst gerne Süßes isst, schmeckt ihm die Schokolade nicht.

Endlich geschnappt

Gestern erwischte die Polizei endlich die lang gesuchte Autoknackerbande. Drei Jugendliche zwischen 16 und 18 Jahren wurden festgenommen. Ihr Anführer sagte bei der ersten Vernehmung: „Die Leute sind doch selbst schuld, wenn sie in ihren Autos Wertgegenstände oder sogar Geld einfach offensichtlich liegen lassen."

Das Geheimnis

Lisa sitzt zu Hause und grübelt. Sie fühlt sich sehr unwohl. Immer wieder muss sie an heute Mittag denken. Sie hat ein Geheimnis verraten. Ausgerechnet der gesprächigen Sophie hat sie auf dem Nachhauseweg erzählt, dass ihre beste Freundin in Luka verliebt ist. Lisa überlegt, ob sie morgen die Schule schwänzen soll.

a) Sprecht über die drei Geschichten.

b) Wo zeigt sich die „Arbeit" des Gewissens?

c) Welcher Fall passt zum Stichwort „gewissenlos"?

❷ Das Gewissen mahnt.

a) Schildere die dargestellte Szene. Wie meldet sich das Gewissen?

b) Erzähle von Erfahrungen mit deinem Gewissen.

Z Suche Überschriften aus Zeitschriften, die beschreiben, dass Menschen gewissenlos handeln. Stelle in einer Collage gegenüber: gewissenlos handeln – Gewissen spüren.

Gewissen (2)

❸ Denke an eine Situation, in der dein Gewissen angesprochen wird. Woran merkst du, dass du ein Gewissen hast?

ständig erinnert werden

Gewissen

❹ Jeder Mensch besitzt ein Gewissen. Für dessen Ausprägung sind viele Faktoren, Personen und Institutionen ausschlaggebend. Nenne Beispiele.

Religionsunterricht

G E W I S S E N

❺ Zeige am Beispiel zweier unterschiedlicher Elternhäuser die Prägung des Gewissens.

a) Ben ist zur Hilfsbereitschaft und Verantwortung erzogen worden. Er soll seinen Freund Tommi, der krank ist, von der Schule berichten.

b) Anne lebt in einem Elternhaus, in dem meist eigene Wünsche durchgesetzt werden. Sie soll an einem schönen Sommertag ihre Freundin im Krankenhaus besuchen.

Gewissen (3)

Das Gewissen hilft dem Menschen, das eigene Verhalten kritisch zu beurteilen. Es ist ein wichtiger Gradmesser für das menschliche Zusammenleben und bei Entscheidungen.

❻ Belege diese Aussage, indem du die folgenden Beispiele unterschiedlich zu Ende führst. Denke jeweils auch an die Folgen. Wann haben die Personen ein gutes Gewissen (links) und wann ein schlechtes Gewissen (rechts)?

Pierre hat mit Vaters Werkzeug an seinem Mofa gebastelt. Wegräumen war noch nie seine Stärke. Jetzt will er zu einer Spritztour aufbrechen.

Claudia hat Mutter versprochen, einen wichtigen Brief vor 16.00 Uhr in den Briefkasten zu werfen. Gerade, als sie gegen 15.50 Uhr aufbrechen will, kommt ihre Lieblingsband im Fernsehen.

Martin ist seit zwei Wochen im Besitz des Führerscheins. Er fährt gerne sehr schnell mit seinem neuen Wagen. Auf einer Landstraße sieht er das Schild: „50 km – gefährliche Einmündung"

❼ Formuliere selbst ein entsprechendes Beispiel.

Vergebung (1)

❶ Verzeihen oder heimzahlen?

Anna ist sauer. Sie wird zu Unrecht beschuldigt, dem Lehrer gepetzt zu haben, zwei Mitschülerinnen hätten die Schule geschwänzt. Deshalb hat man sie von der Fete am Nachmittag ausgeladen. Anna ist sich sicher, das kann nur die Lisa gewesen sein.
Am späten Nachmittag klingelt das Telefon. Als Anna sich meldet, hört sie Lisas Stimme: "Anna, es tut mir leid, das mit heute Morgen, ... ich weiß selbst nicht mehr, warum ich das getan habe. Ich möchte gerne zu dir kommen, geht das?"

a) Versetze dich in Annas Lage. Was soll sie jetzt tun?

b) Schreibe mehrere mögliche Reaktionen von Anna auf. Beurteile sie anschließend im Gespräch mit deinem Tischnachbarn.

....

....

....

....

❷ Verzeihen kann schwer sein

Till und Marco waren Brüder. Till war sehr sparsam, Marco eher großzügig und freigiebig. Wenn er etwas wollte, kaufte er es sich sofort. So war es nicht überraschend, dass er meist pleite war.
Till hatte Woche für Woche Geld gespart und in ein kleines Holzkästchen in seinem Schreibtisch gelegt. Mit dem Geld wollte er sich den Besuch eines bekannten Rockfestivals ermöglichen. Als er Eintrittskarte und Fahrgeld bezahlen wollte, war aus seinem Sparkästchen alles Papiergeld verschwunden. Marco, auf den sofort der Verdacht fiel, stritt alles ab. „Ich bin doch kein Dieb. Ich habe das Geld nicht genommen. Viele wissen, dass Till ein Sparkästchen besitzt. Außerdem habe ich mir die letzte Zeit nichts Besonderes geleistet." Alles Suchen blieb vergeblich. Till musste auf sein geliebtes Konzert verzichten. Er war traurig und sauer, aber was half's? Den nächsten Tag war er kaum ansprechbar.
Am Morgen des Konzerttages kam Marco in Tills Zimmer. Till bemerkte erstaunt, dass Marco Tränen in den Augen hatte. Bevor er fragen konnte, schluchzte Marco los und drückte dabei Till einige Geldscheine in die Hand. „Es tut mir leid. Ich habe dein Geld genommen. Ehrenwort, ich wollte es dir rechtzeitig zurückgeben, aber Ingo wollte meine Computerspiele nicht mehr abkaufen, obwohl es so ausgemacht war. Erst gestern Abend bin ich sie losgeworden. Verzeih mir, ich mach's auch bestimmt nicht wieder!"

a) Spielt die letzte Szene. Wie könnte sich Till verhalten?

b) Würdest du an Tills Stelle dem Bruder verzeihen?

c) Wie hättest du dich als Marco verhalten, nachdem sich die Sache so zugespitzt hatte?

Vergebung (2)

❸ Ist Verzeihen unmöglich?

Es gibt persönliche und gesellschaftliche Situationen im Leben, in denen es sehr schwer ist, dem anderen zu vergeben. Schau dir dazu die Zeitungsausschnitte an und interpretiere sie.

Auge in Auge mit dem Peiniger ihrer Tochter

Mutter erklärte vor Gericht: Diesem Menschen kann ich niemals verzeihen, was er meiner Tochter angetan hat.

Kalifat des Terrors

Radikale Miliz Islamischer Staat propagiert massenhaften Mord an Andersgläubigen.

Unversöhnlich

Nachbar schlägt die angebotene Hand zur Vergebung aus – der Hass ist zu groß.

Im September 1984 ging ein Bild um die Welt:

Der französische Staatspräsident Mitterand und Bundeskanzler Helmut Kohl besiegelten die Freundschaft zwischen Deutschen und Franzosen. Hand in Hand symbolisierten sie auf dem Schlachtfeld von Versailles die Aussöhnung zwischen beiden Völkern.

❹ Suche selbst aus Zeitschriften ähnliche Berichte und klebe sie in deine Mappe ein.

❺ Befrage Mitschüler, Eltern, Geschwister, Freunde ...:
„Was könntest du nur sehr schwer einem anderen verzeihen?"

....

....

....

....

....

....

Vergebung (3)

❻ Ohne Vergebung kein friedliches Zusammenleben

Felix kommt nach einer Party betrunken nach Hause und zerschlägt die Scheibe der Eingangstür.

↓

Felix entschuldigt sich für sein Verhalten und verspricht Wiedergutmachung.

↓ / ↓

Vater nimmt den guten Willen an und vergibt ihm. → *Felix …* → *Vater …*

Vater wirft Felix bei jeder Gelegenheit sein Verhalten vor. → *Felix …* → *Vater …*

Alex gibt Thomas das geliehene Geld trotz mehrfachen Nachfragens nicht wieder zurück.

↓

Alex entschuldigt sich und bezahlt seine Schulden.

↓ / ↓

Thomas nimmt die Entschuldigung an und die Sache ist erledigt. → *Alex …* → *Thomas …*

Thomas … → *Alex …* → *Thomas …*

a) Erkläre die skizzierten Fallbeispiele.

b) Wie könnte jeweils die Situation weitergehen?

c) Welche Konsequenzen hat die entsprechende Entscheidung für das Zusammenleben?

d) Suche ähnliche alltägliche Beispiele, die belegen können, dass ohne Vergebung kein friedliches Zusammenleben möglich ist.

❼ Wie kann man um Verzeihung bitten?

Es gibt eine Reihe von Symbolen, Gesten und Worten, die „Verzeihung“ ausdrücken. Was könntest du tun oder sagen, wenn du einen Mitmenschen um Verzeihung bittest?

Symbole und Gesten	Worte
Friedenstaube	

Holger hat einem Mitschüler nachmittags das Fahrrad demoliert. Er möchte seinen Fehler wiedergutmachen.

❽ Wie könnte er um Verzeihung bitten?

❾ Ist es mit dem Bitten um Vergebung allein getan?

Meine Stars (1)

❶ Einen Star kann man gut mit einer Wolke vergleichen: Unerreichbar scheint sie über den Menschen zu schweben.

a) Schreibe um die Wolke herum alles auf, was dir zu dem Thema spontan einfällt.

b) Stellt euch eure Begriffe gegenseitig vor und sprecht darüber.

c) Sucht Gemeinsames und Unterschiede.

❷ Welche Stars kennst du?

Versuche einmal, 15 Personen aus unterschiedlichen Lebensbereichen zu nennen, die nach deiner Meinung in die Kategorie „Star" fallen.

Sport	Politik	Film/Fernsehen	Musik
....	....	....	....
....	....	....	....
....	....	....	....
....	....	....	....
....	....	....	....

❸ Mein Lieblingsstar heißt: ....

Was weißt du über ihn/sie? Notiere. Vielleicht hast du auch ein Foto zum Einkleben.

....

....

....

....

....

(Foto)

Meine Stars (2)

❹ Warum ist .... für dich ein Star? Schreibe, wenn möglich, unterschiedliche Gründe auf.

....

....

....

....

....

....

❺ Star sein ist schön – oder?

Ben K. hat es endlich geschafft. Schon seit Jahren hat er auf einen Durchbruch gehofft und ist so oft enttäuscht worden. Mit seinem Song „Every day" ist ihm dann doch der große Wurf gelungen. Ausgerechnet mit einem Titel, der ihm selbst nicht einmal so gut gefällt. Kaum eine Stunde, in der nicht auf irgendeinem Radiosender „Every day" zu hören ist. Tausendfach wird sein Song im Netz angeklickt. Moderatoren, Reporter und Fernsehsender stehen Schlange, um ihn zu interviewen oder vorzustellen.
Gerade setzt sich Ben K. mit einer bekannten Jugendzeitschrift in der Hand gemütlich in seinem Sessel zurück. „Gut getroffen, mein Bild", denkt er, als er sich die Titelseite genau ansieht. So will ich auch auf dem nächsten Cover aussehen. Er schließt die Augen und beginnt zu träumen: „Wie schön, ein Star zu sein ..."

a) Wie wird Bens Traum wohl aussehen?

b) Was hat sich wohl an seinem bisherigen Leben geändert?

Patricia F. hat im Showgeschäft endlich Fuß gefasst. Nach dem heutigen Stresstag verschließt sie die Tür zu ihrer Wohnungstür. Sie schaltet ihr Smartphone ein, das sie während der Proben ausgeschaltet hat. Diverse Nachrichten warten darauf, gelesen zu werden. Sie überfliegt ein paar und schaltet das Gerät genervt wieder aus. Sie will jetzt vor allem Ruhe und macht es sich auf dem Sofa gemütlich. Ihr Blick fällt auf die neueste Fernsehzeitung, die auf dem Tisch liegt. Darauf ist ein Foto von ihr zu sehen mit der Schlagzeile „Patricia F. – ein Star zum Anfassen". Sie dreht die Zeitschrift um und denkt bei sich: „Schrecklich, was ist das für ein Leben? Ich habe gar keine Privatsphäre mehr."

c) Wieso empfindet Patricia F. ihre Situation als schrecklich?

d) Was wird ihr wohl an ihrem Leben nicht gefallen?

e) Wie erklärst du dir die unterschiedlichen Auffassungen von Ben K. und Patricia F. über ihr Leben als Star?

Einmal ein Star sein (1)

❶ Vor- und Nachteile eines Lebens als Star

Notiere in der Tabelle positive und negative Seiten eines Lebens als Star. Die Gedankenblasen helfen dir, Argumente zu finden.

positive Seiten	negative Seiten

❷ Wenn der Star zum Idol wird

Seit die 15-jährige Jule Schneider den Sänger ihrer Lieblingsgruppe BYB bei einem Interview auf einem Fernsehsender live erlebt hat, ist er der Mittelpunkt ihres Lebens geworden. Ihr Zimmer hat sie mit Postern jeder Größe ausgestattet, an der Decke hängt ein Tuch mit seinem Gesicht und neben ihrem Bett steht in einem goldenen Rahmen die Autogrammkarte. Auch wenn sie ihren Computer einschaltet, blickt er sie an.

„Mit dem Zimmer könnte ich ja noch leben, auch damit, dass man nur noch BYB-Musik hört, aber was zu viel ist, ist zu viel", beklagt sich Jules Mutter bei ihrer besten Freundin Conny. „Jule versucht, den Sänger nachzuahmen, wo immer es geht. Genau wie er will sie nur noch zerfetzte Kleidung tragen, am liebsten Hosen mit Löchern und verdreckte Turnschuhe. Genau wie ihr Idol trägt sie inzwischen fünf Ohrstecker übereinander. Seit Tagen führen wir einen ständigen Kampf. Jule will sich unbedingt tätowieren lassen, nur weil der Typ gesagt hat, er findet Tätowierungen cool. Außerdem versucht sie auch noch, seine Piercings nachzuahmen. Zum Glück braucht sie dafür aber noch unsere Einverständniserklärung." Und als die Freundin nur den Kopf schüttelt, bemerkt Jules Mutter: „Es kommt noch schlimmer. Weil dieser Sänger im Interview erklärt hat, Schule sei total unwichtig – er selbst sei auch sitzengeblieben –, wichtig sei nur das, was man Leben nennt, sich selbst verwirklichen, weg von gesellschaftlichen Zwängen und Spaß haben, leistet Jule für die Schule nichts mehr. In kurzer Zeit droht aus einer guten Schülerin eine schlechte zu werden, eine Benachrichtigung wegen des Leistungsabfalls haben wir auch schon erhalten. Ich weiß wirklich nicht mehr weiter. Alle Versuche, mit Jule vernünftig zu sprechen, sind gescheitert …"

a) Was ahmt Jule alles nach?

b) Wieso ist die Mutter so verzweifelt?

c) Fan eines Menschen sein oder ihn als Idol verehren: Erläutere den Unterschied!

Z Versetze dich in die Lage von Conny und notiere in Stichworten, welche Tipps sie geben könnte.

Einmal ein Star sein (2)

3 Positive und negative Eigenschaften

Notiere ganz allgemein, welche Eigenschaften, Meinungen oder Äußerlichkeiten eines Menschen für dich positive bzw. negative Ausstrahlung haben.

Was mich abstößt	Was ich gern habe
....	....
....	....
....	....
....	....
....	....
....	....
....	....

4 Sicher hast du auch ein Idol, einen Menschen, den du besonders verehrst.

a) Antworte spontan: Welche „Macken" würdest du bei ihm/ihr noch akzeptieren?

b) Markiere in Grün: „Das finde ich gut." Markiere in Rot: „Das lehne ich ab."

Nasenring

drogenabhängig

gewalttätig

Steuerbetrug

c) Findest du eine Erklärung, weshalb man bei einem Idol gewisse Eigenschaften akzeptiert, die man bei anderen Menschen ablehnen würde?

Realistische Ideale (1)

❶ Von einem Idol oder einem Ideal abhängig zu sein, kann gefährlich werden.

Anna besucht das Konzert ihrer Lieblingsgruppe. Sofort nach dem Einlass steht sie vor der Bühne und wartet. Die Songs versetzen sie in Trance und sie wird ohnmächtig aus dem Saal getragen.

Jonas sieht jeden Film seines Idols, der stets mit Gewalt und unter Umgehung aller Gesetze seine „Probleme" regelt. Das prägt sein Verhalten. Jonas gilt bald als Schlägertyp und Macho.

Nele kann ohne ihr Smartphone nicht leben. Obwohl ihre Eltern ihr monatlich 30 € für das Handy zugestehen, reicht dieser Betrag nicht aus. Nele überzieht regelmäßig ihr Budget. Die Eltern reagieren sauer.

Luka widmet sich ganz dem Tierschutz. Er achtet peinlich genau darauf, dass Tiere artgerecht gehalten werden. Schon mehrfach hat er Leute aus seinem Wohnort angezeigt, weil sie ihre Tiere angeblich nicht richtig behandeln.

a) Ein Idol kann mehr als eine Person sein. Erkläre!

b) Erkläre, wann der Einsatz für ein Idol oder ein Ideal gefährlich werden kann.

c) Welche anderen materiellen oder ideellen Ideale fallen dir noch ein?

d) Suche Beispiele aus der Geschichte und Gegenwart, wo der Einsatz für ein Idol oder ein Ideal negative Auswirkungen hatte bzw. hat.

Z Erstellt dazu eine Collage und hängt diese in der Klasse oder im Schulgebäude auf.

❷ Ben und sein Lebensziel

Ben ging es wie vielen Jugendlichen. Die Schule näherte sich dem Ende und er wusste absolut nicht, was er nach der Schule machen sollte. Termine bei der Berufsberatung brachten für ihn keine neuen Erkenntnisse.
Irgendwann hörte er von einem freiwilligen sozialen Jahr, das man in verschiedenen Einrichtungen absolvieren könnte. Man erhält zwar nur ein Taschengeld, aber für die eigene Berufsfindung könnte es eine wichtige Hilfe sein. Seit einem halben Jahr arbeitet er nun in einer Förderschule. Er unterstützt die Schulsozialarbeit, hilft bei Projekten, betreut Schüler beim Mittagessen, in den Pausen und manchmal auch im Unterricht. Seine Tätigkeit bereitet ihm viel Freude und er spürt, dass die Schüler ihn mögen. Die Lehrer und die Schulleitung schätzen ihn. „Das ist meine Zukunft. Ich möchte gern im sozialen oder schulischen Bereich arbeiten", fasst er seine Pläne zusammen.

a) Ben hat für sein Leben eine wichtige Entscheidung getroffen. Berichte darüber.

b) Welche positiven Wirkungen hat dies vermutlich für seine weitere Lebensgestaltung?

c) Fallen dir andere Wege ein, wie ein Jugendlicher zu einer sinnvollen Lebensplanung gelangen kann?

Realistische Ideale (2)

❸ Vorbilder und Ideale können das Leben bereichern.

Es gibt viele Vorbilder, denen man in seinem Leben nacheifern kann, sodass es letztlich für die Lebensgestaltung positive Auswirkungen hat. Dies können sowohl Personen als auch Ideale sein, wie die folgenden Beispiele belegen.
Versuche, die folgenden ungeordneten Stichwörter zu kombinieren (Beispiel grau eingefärbt), und schreibe jeweils einige Sätze dazu.

Naturschutz	Wochenendhilfe	Tierheim
Ferienzeit	Gruppenmitglied	Nistkastenbau
Jugendarbeit	Betreuer	Gesangsschulung
Aidshilfe	Training	Sorgentelefon
Tierschutz	Weiterbildung	Torschützenkönig
Schlagersänger	Ansprechpartner	Jugendtreff
Fußballstar	Aufsicht	Jugendgruppe

❹ Vorbilder müssen nicht spetakulär sein.

In der 8a sollten die Schülerinnen und Schüler eine kurze Beschreibung ihres Vorbildes ohne Kommentar und Namen an die Pinnwand heften. Aus den 25 Beispielen greifen wir folgende drei heraus:

Mein Vorbild ist:

Madonna
- tolle Figur
- geniale Musikerin
- reich
- kann sich alles leisten
- sexy
- wickelt Männer um ihren Finger
- coole Kleidung

unser Sportlehrer
- toller Fußballer
- immer ansprechbar
- gute Ideen im Unterricht
- sympathisches Aussehen
- lässt Freiheit
- setzt Grenzen
- probiert oft Neues aus

mein Vater
- guter Beruf
- hat immer Zeit für mich
- gemeinsame Freizeitgestaltung
- vermittelt bei Streit
- sagt auch mal Nein
- offene Einstellung
- ehrenamtlich engagiert
- im Wohnort beliebt

a) Sprecht über die drei Beispiele.

b) Denke einmal über Menschen aus deiner näheren Umgebung nach. Könntest du dort Vorbilder finden? Begründe deine Wahl.

c) Skizziere kurz ein solches Vorbild.

Persönliche Ziele (1)

1 Was ist für dich wichtig?

Kreuze an und ergänze, was für dich wichtig ist. Begründe!

- ☐ um meine Wünsche zu realisieren
- ☐ um ein tolles Auto zu besitzen
- ☐ um anderen zu helfen
- ☐ um meine Freizeit zu genießen
- ☐ um im Verein Aufgaben zu übernehmen
- ☐ um einen guten Beruf zu finden
- ☐ um einen positiven Schulabschluss zu erreichen
- ☐ um eine Familie zu gründen
- ☐ um mit Sport oder Musik berühmt zu werden
- ☐ um möglichst viel Geld zu verdienen
- ☐ um für andere Menschen da zu sein
- ☐ um viel von der Welt zu sehen
- ☐ um die Umwelt zu erhalten
- ☐ um ein eigenes Haus zu bekommen
- ☐ um mich politisch zu engagieren
- ☐ um chillen und shoppen zu können
- ☐ ....
- ☐ ....
- ☐ ....
- ☐ ....

2 Welche Ziele sind für dich eher Nebensache? Warum?

3 Jeder Mensch braucht Lebensziele.

a) Trage in die beiden Kästchen zwei wichtige Zielvorstellungen für dein späteres Leben ein. Schreibe anschließend darunter, was du dafür tun willst.

Ich möchte später unbedingt:

Um das zu erreichen, werde ich:

b) Setzt du dich auch wirklich für diese Ziele ein?

c) Wo mangelt es noch? Was könntest du besser machen?

Z Frage deine Eltern oder Verwandten nach ihren Lebenszielen.

Persönliche Ziele (2)

❹ Jasmin, die Null-Bock-Tante

a) Geht es dir auch manchmal wie Jasmin?

b) Wie fühlst du dich nach so einem Tag?

c) Sprecht über die Ursachen und Folgen einer solchen Lebenseinstellung.

❺ Eine Lebensweisheit besagt: Ein Mensch ohne Ziele ist wie ein Vogel ohne Flügel.

a) Denke über den Spruch nach. Notiere Stichworte für:

Vogel ohne Flügel	Mensch ohne Ziele

b) Warum sind realistische Lebensziele wichtig für ein ausgeglichenes Leben?

c) Kennst du noch andere Sprichwörter oder Lebensweisheiten zum Thema Lebensziele?

Z Erstellt ein Schaubild: Was gehört alles zu einem sinnvoll gestalteten Leben?

❻ Menschen, die zu Vorbildern geworden sind

a) Es gibt Menschen, die wissen gar nicht, dass sie für den anderen zum Vorbild geworden sind.

b) Es gibt Menschen, die sind im Moment für andere Vorbilder, geraten aber sicher schon bald wieder in Vergessenheit.

c) Es gibt Menschen, die durch ihren Dienst an anderen zu bleibenden Vorbildern geworden sind.

Überlege dir Beispiele dazu.

a) .... b) .... c) ....

....

Historische Vorbilder

Von den vielen geschichtlichen Persönlichkeiten, die zu Idolen oder Vorbildern geworden sind, werden Jeanne d'Arc und Maximilian Kolbe vorgestellt:

***Jeanne d'Arc (Jungfrau von Orleans), französische Nationalheldin*[1]**

- *lebte im 15. Jahrhundert zur Zeit des Hundertjährigen Krieges zwischen England und Frankreich. Beide Staaten kämpften um die französische Königskrone. Als Frankreich zu unterliegen drohte, erschien im Heerlager der Franzosen ein Mädchen aus Domrémy. Sie hatte das Elend des Krieges am eigenen Leib verspürt und fühlte sich durch eine innere Stimme zur Rettung ihres Vaterlandes berufen.*
- *Ihr Glaube an die Zukunft Frankreichs ermutigte die Soldaten. In schimmernder Rüstung mit einem weißen Lilienbanner ritt Jeanne d'Arc den Truppen voran. So konnte im Mai 1429 der Belagerungsring um die Stadt Orleans durchbrochen und die Stadt befreit werden. Der Jubel war unbeschreiblich. In einem Siegeszug führte sie wenig später den Thronerben Karl VII. zur Königskrönung nach Reims.*
- *Später wurde Jeanne d'Arc bei einem anderen Gefecht gefangen genommen und an die Engländer ausgeliefert. In Rouen wurde sie im Jahre 1431 nach einem langen Prozess als Hexe auf dem Scheiterhaufen verbrannt.*
- *25 Jahre später stellte sich bei einem erneuten Prozess heraus, dass sie völlig unschuldig war. Seitdem wird sie in Frankreich als Nationalheldin gefeiert.*

***Maximilian Kolbe*[2]**

- *lebte im 20. Jahrhundert zur Zeit des Nationalsozialismus. Er war katholischer Priester und hatte Menschen, die von den Nationalsozialisten verfolgt wurden, versteckt. Deshalb wurde er verhaftet und nach üblen Misshandlungen ins Konzentrationslager Auschwitz (Polen) transportiert.*
- *Als ein entflohener Gefangener nicht gefunden werden konnte, sollten zehn andere Gefangene, willkürlich durch den Lagerkommandanten ausgewählt, dafür sterben. Da trat Maximilian Kolbe vor den Lagerkommandanten und bat darum, stellvertretend für einen anderen jüngeren Häftling, der Frau und Kind hatte, in den Tod zu gehen.*
- *Noch in der Todeszelle setzte sich Kolbe für die neun anderen Mithäftlinge ein. Er machte ihnen Mut, beruhigte sie und betreute sie bis zu ihrem Tod mit Gebeten.*

❶ **Beschreibe, warum Jeanne d'Arc und Maximilian Kolbe als Idole bzw. Vorbilder gelten.**

❷ **Welche Bedeutung haben ihre Taten für unser heutiges Leben?**

❸ **Meinst du, dass ihre Namen jemals in Vergessenheit geraten werden?**

❹ **Suche eine geschichtliche Persönlichkeit und schreibe über sie einen knappen Steckbrief.**

Z Sammelt die Steckbriefe unter der Überschrift „Unsterbliche Namen".

[1] Bild Jeanne d'Arc: gemeinfrei, URL: https://commons.wikimedia.org/wiki/File:Ingres_coronation_charles_vii.jpg
[2] Bild Maximilian Kolbe: gemeinfrei, URL: https://commons.wikimedia.org/wiki/File:Fr.Maximilian_Kolbe_1939.jpg

Erwartungen an mich

❶ **Jeder Jugendliche wird von unterschiedlichen Erwartungen getroffen, die an ihn gestellt werden. Überlege: Was erwarten andere von mir? Was erwarte ich von anderen? Und was erwarte ich von mir? Du kannst malen, skizzieren, schreiben und ein Foto in die Mitte kleben.**

Was erwarten andere von mir?

Was erwarte ich von anderen?

Was erwarte ich von mir?

❷ **Überlege, wer für dich wichtig ist. Begründe!**

❸ **Für wen bist du wichtig? Begründe!**

Eltern (1)

❶ Eltern ärgern sich oft über …

a) Trage Verhaltensweisen ein, die Eltern an ihren Kindern oft kritisieren.

b) Welche Erwartungen haben sie an ihre Kinder? Findest du diese gerechtfertigt?

c) Was ist in deiner Familie der Hauptgrund, wenn es Ärger gibt? Erzähle dazu eine typische Begebenheit.

❷ Wenn ich einmal Vater oder Mutter bin, dann …

Sicher hast du schon oft gedacht: Wenn ich einmal Vater oder Mutter bin, dann mache ich manches anders und bestimmt besser. Wie würdest du dich als Elternteil verhalten?

a) Markiere bei den folgenden Beispielen dein „Elternverhalten" jeweils mit derselben Farbe. (Dein Kind ist 13 Jahre alt.)

<table>
<tr><td colspan="2">Beispiel: Fernsehen / Computer und Internet</td><td colspan="2">Ich suche die Sendungen und Internetseiten für mein Kind aus.</td><td colspan="2">Ich verbiete ihm die Nutzung des Internets ohne Aufsicht.</td></tr>
<tr><td colspan="3">Wir suchen gemeinsam die Sendungen und Internetseiten aus.</td><td colspan="3">Ich lasse es am PC spielen und chatten, dann macht es draußen keinen Unsinn.</td></tr>
<tr><td colspan="2">Internetnutzung nach freier Wahl, aber höchstens zwei Stunden am Tag</td><td colspan="2">Ab 22.00 Uhr ist Fernseh- und PC-Verbot; bis dahin kann es machen, was es will.</td><td colspan="2">Ich lasse es im Fernsehen alles schauen, was es will – ohne Zeitbegrenzung.</td></tr>
</table>

Eltern (2)

<table>
<tr><td colspan="2">Beispiel: Kleidung</td><td colspan="4">Ich gehe mit ihm gemeinsam die Kleidung kaufen.
Wir müssen uns auf Qualität und Preis einigen.</td></tr>
<tr><td colspan="2">Ich gebe ihm so viel Geld, wie es braucht, und es kann alleine einkaufen.</td><td colspan="2">Ich gebe ihm im Monat einen festen Betrag. Der muss für alle Kleidung reichen.</td><td colspan="2">Wenn es eben Markenkleidung sein muss, soll es sie bekommen.</td></tr>
<tr><td colspan="3">Es soll tragen, was die Jugend heute modern findet, selbst wenn es mir nicht gefällt.</td><td colspan="3">Ich schaue nach Sonderangeboten und bringe dem Kind das Passende mit.</td></tr>
</table>

<table>
<tr><td colspan="2">Beispiel: eigenes Zimmer</td><td colspan="2">Ausstattung und Regeln für die Sauberheit sprechen wir ab.</td><td colspan="2">Es kann sein Zimmer frei gestalten und ist für alles verantwortlich.</td></tr>
<tr><td colspan="3">Ich bestimme, welche Poster, Tapeten oder Einrichtungsgegenstände im Zimmer sind.</td><td colspan="3">Das eigene Zimmer ist Privatsache, das Kind kann es ruhig abschließen.</td></tr>
<tr><td colspan="2">Einmal in der Woche muss sauber gemacht werden.</td><td colspan="2">Das Zimmer soll immer wie geleckt aussehen.</td><td colspan="2">Das Zimmer muss für die Eltern jederzeit zugänglich sein.</td></tr>
</table>

b) Welche Einstellung haben deine Eltern zu den Problembereichen? Markiere deren Meinung jeweils mit einer anderen Farbe.

c) Bewerte das Ergebnis: Übereinstimmung – Unterschiede.

❸ Zwischen Gehorsam und Mündigkeit

Sprüche von Erwachsenen:

Wer nicht hören will, muss fühlen.

Komm du erst mal in mein Alter.

Immer langsam mit den jungen Pferden.

Da kannst du überhaupt nicht mitreden.

Noch habe ich das Sagen.

Mit meiner Erfahrung muss ich das doch besser wissen.

Solange du deine Füße unter meinen Tisch stellst …

a) Suche Situationen, in denen Erwachsene solche Aussagen machen.

b) Kennst du noch mehr derartige Sprüche?

Zu spät (1)

❶ Jonas kommt zu spät

„Ich bin noch mal kurz bei Sven. Er hat mir geschrieben, dass er mir noch sein neues Computerspiel zeigen möchte. In einer Stunde bin ich zurück." Mit diesen Sätzen verlässt Jonas die Wohnung. „Spätestens um 18.00 Uhr!", ruft sein Vater ihm nach. „Hast du dein Handy dabei, falls du trotzdem die Zeit vergisst?" „Ja, habe ich. Bis dann!", antwortet Jonas noch und verschwindet im Treppenhaus.

Inzwischen ist es schon kurz nach 18.00 Uhr. Mehrfach hat Jonas' Vater versucht, seinen Sohn auf dem Handy zu erreichen, doch es ist ausgeschaltet. Alles ist für den Urlaub vorbereitet. Die Koffer stehen gepackt im Flur, ein kleiner Snack für Jonas ist in der Küche vorbereitet. Sein Vater wird wütend und sucht die Telefonnummer von Svens Eltern, während Mutter denkt: „Hoffentlich ist ihm nichts passiert." Gerade als das erste Freizeichen ertönt, hört man die Haustür und ein keuchender Jonas betritt das Haus. Er ist total verdreckt und sein neuer heller Pulli ist mit Blut beschmiert. Sein Vater überschüttet ihn sofort mit Vorwürfen: „Warum ist dein Handy aus? Wo warst du überhaupt? Kann man sich denn gar nicht auf dich verlassen?" Seine Mutter stimmt mit ein: „Wie du aussiehst! Alle guten Pullover sind im Koffer. Musste das sein?" Jonas, immer noch außer Atem, versucht, sich zu rechtfertigen. Seine Antwort erfolgt stockend, da er immer wieder Luft holen muss. „Sven – mit dem Fahrrad gestürzt. Blutete und konnte nicht mehr gehen … ihn nach Hause gebracht … Akku leer." „Hör auf!", unterbricht ihn sein Vater. „Das hätte auch jemand anders machen können. Du weißt doch, dass wir loswollten und hättest pünktlich zu Hause sein müssen."

a) Die Personen in der Episode haben verschiedene Erwartungen. Notiere sie.

b) Spielt die Szene nach, in der Jonas schnaufend im Flur steht und mit seinem Vater spricht. Fällt euch eine andere Lösung ein?

c) Bewertet das Verhalten der Personen.

Z Wie wäre die Geschichte verlaufen, wenn Jonas auf seine Eltern gehört und die vereinbarte Zeit eingehalten hätte? Schreibe sie auf. Du kannst so anfangen:

Jonas schaut auf sein Handy, 17.48 Uhr. „10 Minuten brauche ich noch bis nach Hause", denkt er. Er verabschiedet sich und macht sich auf den Heimweg. Plötzlich hört er direkt hinter sich ein lautes Geräusch …

Zu spät (2)

❷ Thomas kommt zu spät

Wenn der 15-jährige Thomas an die vergangene Nacht denkt, stehen ihm noch jetzt die Haare zu Berge. Zugegeben, es war 1.25 Uhr, als er von der Disco nach Hause kam. 23.00 Uhr – spätestens – war mit den Eltern vereinbart. Aber die Zeit war wie im Fluge vergangen, man unterhielt sich, man tanzte und schon war Mitternacht vorbei. Sein Handy hatte er vorsichtshalber ausgeschaltet – er wollte nicht wieder durch einen Anruf von seinem Vater genervt werden. Thomas hatte versucht, so geräuschlos wie möglich ins Haus zu gelangen, in der Hoffnung, alles ist dunkel, also schlafen auch alle. Aber kaum hatte er den Flur betreten, ging das Licht an und ein Donnerwetter prasselte auf ihn nieder. Sein Vater tobte, wie er es noch nie erlebt hatte. Er sprach von Vertrauensbruch, von Ängsten, von Drogen und Unfällen und dass er auf eine Nachricht gewartet hätte. Dafür hätte er ja schließlich ein Handy. Und als die Antwort von Thomas genervt und patzig ausfiel, war alles „zu spät". So schnell konnte Thomas gar nicht reagieren, wie er von seinem Vater eine Ohrfeige erhielt. „Wir sprechen uns morgen noch", brüllte dieser ihn an und verschwand dann ins Bad. Mutter flüsterte mit verheultem und verängstigtem Gesicht nur: „Geh jetzt ins Bett, Junge." Danach folgte sie Vater ins Bad.
Am nächsten Morgen sitzt Thomas in seinem Zimmer. Er hat die zwangsläufige Begegnung mit seinem Vater schon eine Weile hinausgeschoben, aber er weiß genau: Es muss sein, also auf in die Höhle des Löwen! Und so gibt er sich einen Ruck.

a) Bewerte das Verhalten der Personen.

b) Versetze dich in die Lage von Thomas und schreibe mögliche Argumente für sein Zuspätkommen auf.

c) Notiere Argumente, mit denen der Vater sein Verhalten rechtfertigen könnte.

Argumente für Thomas	**Argumente für den Vater**
....	....
....	....
....	....
....	....
....	....
....	....

Thomas trifft am gedeckten Frühstückstisch auf seine Eltern. Sie haben zwar schon gefrühstückt, aber anscheinend haben sie auf ihn gewartet.

d) Schreibe das mögliche Gespräch auf.

e) Spielt die Szene. Versucht dabei, unterschiedliche Lösungswege auszuprobieren.

f) Fragt euch jeweils: Wie kann die Auseinandersetzung entschärft und bereinigt werden?

Konflikte beurteilen

❶ Ist Gehorsam immer sinnvoll?

Auch für euch stellt sich sicher häufig die Frage: Gehorche ich in dieser Situation oder bin ich ungehorsam?

a) Lies die folgenden Beispiele durch und kreuze an. Begründe deine Entscheidung.

ja	nein	
☐	☐	Samstagabend – Party – deine Eltern verlangen, dass du um 22.00 Uhr zu Hause bist.
☐	☐	Mutter geht einkaufen – du sollst in der Zwischenzeit das Geschirr abwaschen.
☐	☐	Vater verkauft sein Auto – er sagt: „Wenn dich jemand fragt, ob der Wagen unfallfrei ist, sagst du in jedem Fall ja."
☐	☐	Tolles Schwimmbadwetter – du sollst zu Hause bleiben und auf deinen kleinen Bruder aufpassen.
☐	☐	Deine Eltern sind eingeladen – du hast versprochen um 22.00 Uhr den PC auszuschalten und nicht mehr zu spielen.
☐	☐	In einem sozialen Netzwerk fragt dich jemand nach deiner Handynummer. Deine Eltern haben dich aufgeklärt, niemals persönliche Daten im Netz preiszugeben.
☐	☐	Einkauf im Supermarkt – Mutter sagt: „Steck die CD einfach ein, ich habe nicht genügend Geld dabei."

b) Suche noch weitere Beispiele.

Hier würde ich gehorchen	**Hier ist Gehorsam nicht sinnvoll**
....	....
....	....
....	....
....	....

❷ Konflikte in der Familie

a) In jeder Familie gibt es Konflikte. Von welchen Erfahrungen kannst du berichten?

b) Welche Ursachen und Gründe können solche Konflikte haben? Erstelle dazu ein Schaubild.

Lass dir die Haare schneiden. Bei jeder Mahlzeit hängen sie im Essen.

Ich trage meine Haare, wie ich will.

c) Äußere dich zu dem Konflikt.

Konflikte können gelöst werden

❶ Sprecht über den Konflikt. Welche Lösung bietet die Mutter an?

❷ Sucht andere Möglichkeiten, wie man den Konflikt vielleicht lösen könnte, und tragt sie in Stichworten in das Schaubild ein.

❸ Welche Maßnahmen können den Konflikt wahrscheinlich dauerhaft lösen?

❹ Welche Maßnahmen lösen den Konflikt nur oberflächlich?

❺ Kennzeichne mit zwei Farben.

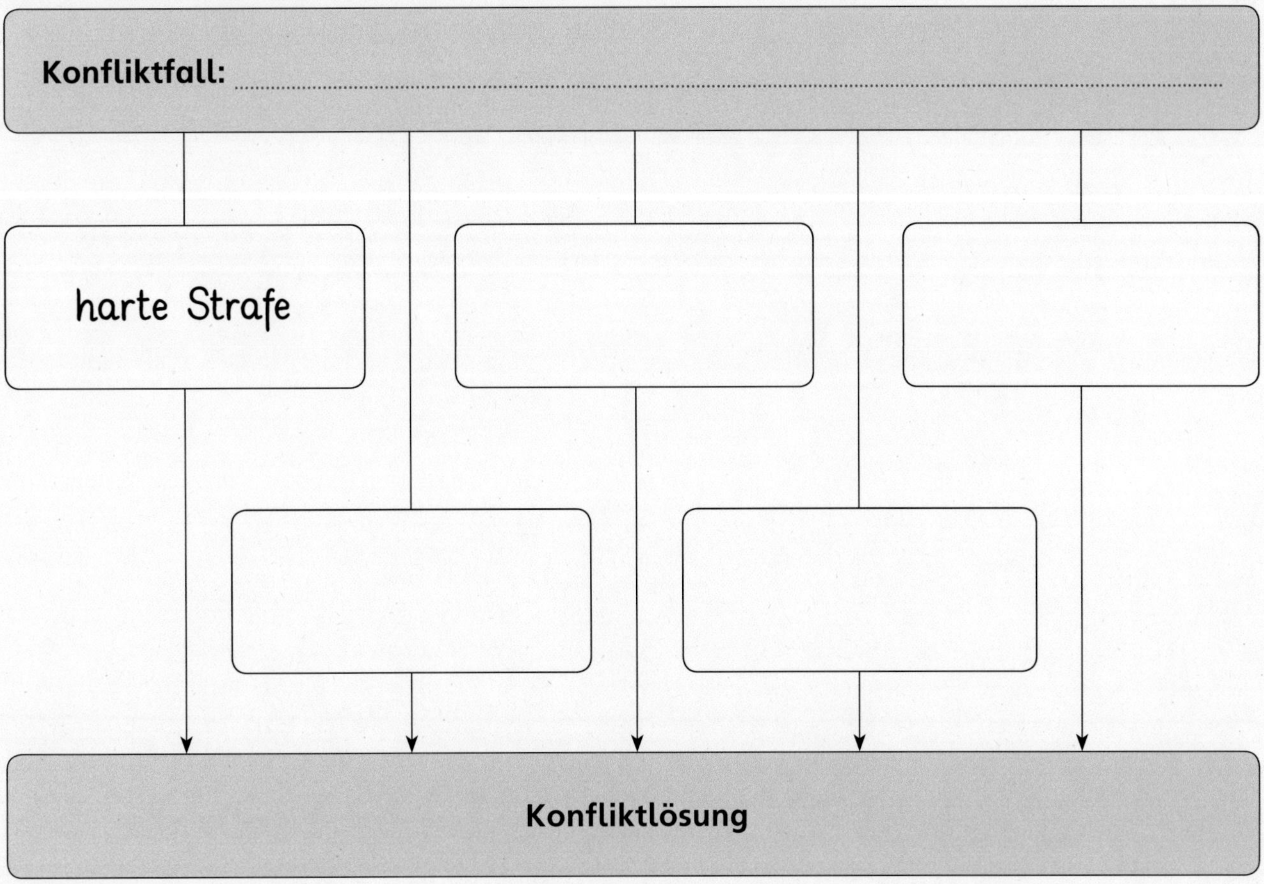

Hilfen zur Konfliktlösung

Finn ist in der Klasse als Störenfried bekannt. Es vergeht kaum ein Unterrichtstag, an dem er nicht eine Zeit lang wegen Störens vor die Tür gesetzt wird. Auch heute war es wieder so weit. Zuerst hatte Finn keine Mathematikhausaufgaben. „Ich konnte sie nicht", war seine Entschuldigung, obwohl es sehr einfache Aufgaben waren. Dann wurde er mehrfach ermahnt, den Unterricht nicht zu stören. Danach verlegte er sich aufs Reinrufen. Als dann die Federmappe eines Mitschülers verschwunden war, als dieser von der Tafel zurückkam, fiel der Verdacht sofort auf Finn. Dieser beteuerte zwar, dass er damit nichts zu tun habe, aber der Lehrer reagierte sauer: „Raus!", rief er und zeigte mit der ausgestreckten Hand in Richtung Klassentür. Grinsend erhob sich Finn und schlenderte, etwas Unverständliches murmelnd, nach draußen.

❶ **Was denkt der Lehrer über Finn? – Was denkt Finn über den Lehrer?**

❷ **Ist der Lehrer mit sich zufrieden? – Ist Finn mit sich einverstanden?**

❸ **Notiere, was beiden durch den Kopf gehen könnte.**

Gedanken			
Lehrer		Finn	
über Finn	über sich selbst	über den Lehrer	über sich selbst

❹ **Warum ist es wichtig, in einem Konflikt über sich selbst nachzudenken?**

Erziehung und Regeln (1)

❶ Wie führt man ein klärendes Gespräch?

Als der Vertrauenslehrer zufällig über den Flur kam, sah er Finn wieder einmal draußen stehen. Nachdem er mit seinem Kollegen und Finn kurz gesprochen hatte, trafen sich die drei zum Beginn einer freien Unterrichtsstunde im Zimmer der Schülerverwaltung.

❷ Für ein solches Gespräch sind Spielregeln außerordentlich wichtig. Welche der folgenden Maßnahmen sind Erfolg versprechend, welche nicht? Kreuze entsprechend an.

ja	nein	
☐	☐	den anderen ausreden lassen
☐	☐	sich nicht beschuldigen lassen
☐	☐	sein Gegenüber als gleichberechtigt ansehen
☐	☐	keine Beleidigungen aussprechen
☐	☐	mithilfe drohender Gesten seinen Standpunkt unterstreichen
☐	☐	niemals von Gesagtem abrücken
☐	☐	bei Unwahrheiten sofort eingreifen
☐	☐	genau zuhören
☐	☐	durch seine Stimme zeigen, dass man der Überlegene ist
☐	☐	eigene Fehler zugeben
☐	☐	einbringen, wie man sich persönlich fühlt
☐	☐	über das Gesagte nachdenken

❸ Findet weitere positive Verhaltensweisen bei einem Konfliktgespräch.

❹ Sucht eine typische Streitsituation (Familie, Schule, Freunde) und spielt ein solches Gespräch,

a) sodass es scheitern muss.
b) sodass es erfolgreich den Konflikt beenden kann.

❺ Zwei Beispiele zum Thema Erziehung

Mia darf alles
Die 13-jährige Mia wird von vielen ihrer Klassenkameraden beneidet. Ihre Eltern sind reich, haben wenig Zeit und Gabi kann tun und lassen, was sie will. Wenn sie mit ihren Freunden schreiben möchte, nutzt sie ihr Smartphone; hat sie Lust auf Disco, geht sie, ohne lange zu fragen. Wann sie heimkommt, interessiert die Eltern kaum. Und findet Mia einen Pulli toll, dann greift sie einfach auf ihr reichlich vorhandenes Taschengeld zurück.
Ihre Eltern sagen: „Mia soll lernen, frei über sich zu bestimmen – mit 13 Jahren ist sie alt genug. Wenn sie Fehler macht, muss sie eben dafür geradestehen. Erfahrung macht klug."

Leon darf kaum etwas
Leon (13 Jahre) wird von vielen seiner Mitschüler bemitleidet – er hat sehr strenge Eltern. Sein Zimmer ist stets ordentlich, seine Hausaufgaben vergisst er nie. Hat er etwas vor, muss er mindestens einen Tag vorher fragen. Er muss zu festen Uhrzeiten heimkommen und hält sich peinlich genau daran. Mit wem er die Freizeit verbringt, dafür soll er sich das Einverständnis seiner Eltern einholen. Leon muss über sein Tun und Handeln oft Rechenschaft ablegen. Sein Vater sagt: „Er soll lernen, dass Gehorsam wichtig ist, dass Erwachsene viel Lebenserfahrung haben und dass man seine Wünsche dem Familienleben unterordnen muss."

a) Stelle die Situationen von Mia und Leon gegenüber.
b) Warum sind viele Mitschüler auf Mia neidisch? Warum sind sie Leon gegenüber voller Mitleid?
c) Wärst du gerne an Mias Stelle oder an Leons Stelle?
d) Was könnte Mia vermissen? Was wünscht sich Leon?

Erziehung und Regeln (2)

❻ Gibt es die „ideale Erziehung"?

Beide Eltern meinen, die bestmögliche Erziehung für ihr Kind gefunden zu haben.

a) Erkläre Vor- und Nachteile der beiden Alternativen und ordne zu.

Mia	Leon

b) Notiere in Stichworten, was für dich bei einer möglichst idealen Erziehung wichtig ist.

....

....

....

Ziel der Erziehung: der mündige Mensch, der gelernt hat, in eigener Selbstbestimmung zu leben, Entscheidungen frei und begründet zu treffen und eigenverantwortlich zu handeln

❼ Gesetzlich ist man mit 18 Jahren volljährig.

a) Viele Jugendliche sehnen den 18. Geburtstag herbei. Begründe!

b) Fragt junge Menschen: Was hat sich an eurem Leben nach dem 18. Geburtstag geändert?

c) Was darf man alles mit 18 Jahren? Vergleicht Rechte und Pflichten.

Z Besorgt euch das Jugendschutzgesetz und lest darin nach, welche Grenzen es für Jugendliche unter 18 Jahren gibt.

Erziehung und Regeln (3)

8 Ist man genau an seinem 18. Geburtstag erwachsen? Was bedeutet für dich „Ich bin jetzt erwachsen"?

....

....

....

....

....

9 Erwachsensein bedeutet, Verantwortung zu tragen.

Jeder Mensch, der in einer Gesellschaft lebt, trägt nicht nur für sich selbst, sondern auch für die Gemeinschaft Verantwortung.

Ergänze die Liste und erläutere die einzelnen Aussagen an einem konkreten Beispiel.

Gesellschaftliche Verantwortung zeigt sich durch:	umweltbewusstes Verhalten, Verzicht auf eigenen Vorteil, Übernahme eines Ehrenamtes ....

10 Die persönliche Verantwortung steht oft im engen Zusammenhang zur gesellschaftlichen Verantwortung.

Finde zwei Bespiele, bei denen gesellschaftliche Notwendigkeit letztlich nur durch die Übernahme von persönlicher Verantwortung realisierbar wird.

Folgende Begriffe können dich in deinen Überlegungen unterstützen: Naturkatastrophen – Arbeitswelt – Kinder

....

....

....

....

....

Was gehört zu einer Freundschaft? (1)

❶ Dann bist du nicht mehr meine Freundin

Lina und Hanna, jeder kennt dieses scheinbar untrennbare Gespann. In der Schule sitzen sie nebeneinander und es vergeht kein Tag, an dem sie nicht etwas Gemeinsames am Nachmittag unternehmen. Dass eine vor der anderen keine Geheimnisse hat, ist für Lina und Hanna selbstverständlich und ebenso ist klar, dass man der anderen hilft, wenn sie darum bittet.

Vor drei Wochen hat Hanna neue Nachbarn bekommen. Deren Tochter Natalie ist ihr seit dem Moment sehr unsympathisch, als Natalie ihrer Mutter gepetzt hat, dass Hanna so gern an Türen klingelt und dann schnell wegläuft. Hanna bekam ganz schön Ärger zu Hause und hat Rache geschworen.

Gerade sitzt sie in der großen Pause mit Lina zusammen auf den Treppenstufen zum Schulhof.

„Ich möchte Natalie eins auswischen, dabei, musst du mir helfen“, erklärt Hanna der erstaunten Lina. „Ja“, stottert diese, „aber wie?“ „Ganz einfach“, entgegnet Hanna , „Natalie ist eben auf der Toilette verschwunden. Du läufst jetzt schnell zu Herrn Maier; der hat heute Aufsicht. Dem sagst du einfach, dass Natalie auf der Toilette geraucht hat. Dann bekommt die blöde Ziege auch Ärger, denn der Maier schleppt sie garantiert sofort zum Direktor.“ „Aber die raucht doch gar nicht“, versucht Lina einzulenken. „Pah, ist doch egal“, unterbricht Hanna sofort, „Hauptsache, Natalie bekommt eins aufs Dach.“

Und als Lina mit dem Kopf schüttelt, bemerkt sie spitz: „Wenn du mir den Gefallen nicht tust, dann bist du nicht mehr meine beste Freundin.“

a) Beschreibe das Verhältnis zwischen Hanna und Lina.

b) In welchem Konflikt steckt Lina?

c) Wie würdest du dich an Linas Stelle verhalten?

❷ Timo und Finn sind dicke Freunde. Notiere, was deiner Meinung nach eine echte Freundschaft ausmacht.

....

....

....

....

....

....

Z Schreibe eine Geschichte zum Thema Freundschaft oder zeichne ein ausdrucksvolles Bild.

Was gehört zu einer Freundschaft? (2)

3 Was ist für eine Freundschaft wichtig?

a) Lies die Meinungen durch. Entscheide dich für ja oder nein. Kreuze an und begründe.

b) Belege einige der Meinungen durch konkrete Beispiele.

ja	nein		ja	nein	
☐	☐	Freunde müssen viel zusammen unternehmen.	☐	☐	Freunde dürfen niemals Nein zueinander sagen.
☐	☐	Freunde müssen einander sympathisch sein.	☐	☐	Freunde müssen die Macken des anderen abbauen.
☐	☐	Freunde müssen bereit sein zusammenzuhalten.	☐	☐	Freunde nehmen sich Zeit, wenn der andere Probleme hat.
☐	☐	Freunde müssen immer der gleichen Meinung sein.	☐	☐	Freunde müssen Geheimnisse für sich behalten können.

....

....

....

4 Tipps für eine gute Freundschaft

Das Thema Freundschaft bewegte die Menschen zu jeder Zeit. Darum gibt es dazu zahlreiche Sprichwörter und Lebensweisheiten. Auch in der Spruchsammlung des Alten Testamentes der Bibel finden wir Aussagen zur Freundschaft.

Sir 6,6–7
„Menschen, die dich grüßen, solltest du viele haben; aber als Ratgeber nimm nur einen unter tausend! Wenn du jemand zu deinem Freund machen willst, dann vertrau dich ihm nicht zu schnell an; finde zuerst heraus, ob er es verdient."

Ist dein Freund verarmt, dann beschäme ihn nicht und versteck dich nicht vor ihm.

Hast du einen Freund, plaudere von ihm nichts aus; sonst wird sich jeder, der dich hört, vor dir hüten.

Mancher ist Freund, wenn er als Gast kommen kann; geschieht aber ein Unglück, dann ist er nicht zu finden.

Sir 27,17
„Liebe deinen Freund und bewahre dir sein Vertrauen! Wenn du seine Geheimnisse verrätst, kannst du ihn als Freund vergessen."

a) Erkläre die alten Lebensweisheiten mit deinen Worten. Versuche, sie durch Beispiele zu verdeutlichen.

b) Haben solche Lebensweisheiten auch heute noch Gültigkeit oder sind sie als überholt einzustufen? Notiere deine Meinung und begründe.

Freundschaft in Bildern

Freundschaft wird oft bildlich in Vergleichen ausgedrückt.

Ein treuer Freund ist wie eine feste Burg; wer eine solche hat, besitzt einen Schatz.	Ein neuer Freund ist wie ein neuer Wein; erst wenn er alt ist, trinkt man ihn.
Kein Gut und Geld der Welt kann einen wahren Freund aufwiegen.	
	Lieber die Schläge eines Freundes als die Küsse des Feindes.

❶ **Erläutere die bildhaften Ausdrücke zum Thema Freundschaft.**

❷ **Kennst du selbst solche bildhaften Ausdrücke oder Sprüche? Ergänze!**

Z Schreibe zu einem der bildhaften Ausdrücke einen kleinen Text.

Auch Streit gehört zur Freundschaft (1)

❶ Das hätte ich nie geglaubt!

Michaela sitzt verzweifelt auf ihrem Bett.

a) Suche Ursachen für die dargestellte Situation.

b) Hast du auch schon einmal erlebt, dass du von einem Freund / einer Freundin schwer enttäuscht wurdest? Berichte darüber.

❷ Woran kann eine Freundschaft zerbrechen?

Mike kann nichts für sich behalten

Mike spürt ein schlechtes Gewissen. Gerade hat er einem Mitschüler das Geheimnis verraten, das ihm sein Freund Pierre gestern unter der Zusage der Verschwiegenheit anvertraut hat. Hoffentlich merkt Pierre nichts davon, denkt Mike, sonst …

Jasmin hat mich versetzt

Natascha hat verzweifelt den Telefonhörer aufgelegt. Ihre Freundin Jasmin ist schwimmen gegangen, obwohl beide fest verabredet waren. Da Natascha eine Verletzung am Fuß hat, wollten sie eigentlich bei ihr Musik hören. Aber Jasmin hat sie versetzt. Das ist das letzte Mal, denkt Natascha, sonst …

Stefan hilft mir nicht

Uwe sitzt kopfschüttelnd über den Hausaufgaben. Er hat mal wieder in Mathematik nichts verstanden. Eben hat er seinen Freund Stefan angerufen, doch der hat abgewinkt: Heute helfe ich dir nicht, der Stoff ist nicht schwer, du musst lernen, dich selbst durchzubeißen. Uwe ist sauer. Wenn der mir noch einmal nicht hilft, dann …

a) Erzähle zu den drei Beispielen kleine Geschichten.

b) Führe die Gedanken der Betroffenen weiter: sonst …

c) Spielt jeweils die Szene: Mike trifft auf Pierre an der Bushaltestelle.
Jasmin begegnet Natascha am Abend.
Uwe und Stefan treffen sich beim Training.

Z Schreibe zu einer der Szenen ein kurzes Drehbuch.

Auch Streit gehört zur Freundschaft (2)

❸ **Notiere, wie eine Freundschaft in Gefahr geraten kann.**

Vertrauen | missbraucht

keine | Zeit

Geheimnis | verraten

Verabredung | nicht eingehalten

Hilfe | verweigert

❹ **Überlege, was zu einem dauerhaften Bruch der Freundschaft führt.**

❺ **Wann kann durch eine klärende Aussprache die Freundschaft erhalten werden? Erläutere dies an einem konkreten Beispiel.**

Arten von Freundschaft

Jedes der Bilder hat mit Freundschaft zu tun.

❶ Um welche Art von Freundschaft handelt es sich? Beschrifte die Bilder.

❷ Nenne weitere Arten von Freundschaft bzw. Partnerschaft. Ergänze durch entsprechende Zeichnungen.

Gedanken zu Freundschaft und Partnerschaft

1 Freundschaft und Partnerschaft basieren auf wesentlichen Verhaltensweisen.

a) Was haben die unterschiedlichen Freundschaften bzw. Partnerschaften gemeinsam?

b) Worin unterscheiden sie sich?

c) Notiere gemeinsame, verbindende Merkmale.

	gerne mit ihm/ ihr zu tun haben	

2 Lassen sich Freundschaftsarten verschiedenen Alterstufen zuordnen? Diskutiert!

3 Freundschaft in der Bedeutung von „Affenliebe"? Erkläre bzw. recherchiere die Bedeutung.

4 Notiere Situationen, in denen eine Freundschaft zur Gefahr werden kann.

5 Freundin ist nicht gleich Freundin.

Sowohl Paul als auch Elias behaupten über ein Mädchen: „Das ist meine Freundin."

Paul und Katharina treffen sich häufig. Paul freut sich immer über Katharinas Hilfe bei den Hausaufgaben. Beide mögen dieselbe Musikrichtung: Techno. Sie können stundenlang zusammen Musik hören oder über Gott und die Welt reden. Sie sind aber auch froh, wenn andere aus der Klasse dazukommen. Dann ist es noch interessanter.

Elias trifft sich mit Nele, seinem Schwarm von der letzten Schülerdisco. Er findet, dass sie „dufte" aussieht und sie bezeichnet ihn als ihren Traumboy. Beide versuchen, so viel Zeit wie möglich miteinander zu verbringen. Sie können stundenlang eng umschlungen Musik hören und sich Nachrichten über ihr Smartphone schreiben. Dabei sind sie am liebsten ungestört. Mitschüler sind unerwünscht und lästig.

a) Wie würdest du die beiden Beziehungen beschreiben? Erläutere Gemeinsamkeiten und Unterschiede.

b) Erkläre die Begriffe: Kumpel, Kameradschaft, Partnerschaft, Liebesbeziehung, Bekanntschaft.

Z Schreibe ein eigenes Beispiel auf. Ordne dieses einem der obigen Begriffe zu.

Jemanden kennenlernen

❶ Lisa wünscht sich einen Freund

Fragt man Lisa, welchen Wochentag sie am meisten hasst, erhält man spontan „den Montag" zur Antwort. Nicht, weil man montags wieder zur Schule muss, auch nicht, weil das schöne Wochenende viel zu schnell vergangen ist, sondern weil gerade montagmorgens Lisa ihre missliche Situation am ehesten vor Augen geführt wird. Lisa ist unheimlich schüchtern, geht am Wochenende nur selten weg und weiß genau, dass nichts auf der Welt sie dazu bewegen könnte, einen Jungen, der ihr gut gefällt, einfach anzusprechen. Dabei sehnt sich Lisa nach einem Partner, nach einem Freund, mit dem sie sprechen, tanzen, Freizeit gestalten und vielleicht auch ein wenig schmusen kann. Das Internet hat ihr auch nicht weitergeholfen. Sie möchte nicht zu viele Daten von sich bekannt geben. Es gibt auch wirklich zwei Jungen, Jan und Eric aus ihrer Klasse, die ihr sehr sympathisch sind, die in ihren Augen für eine solche Partnerschaft infrage kämen.
Und wenn Lisa dann montags hört, was ihre Klassenkameradinnen alles am Wochenende erlebt haben, welche „Typen" sie wieder angemacht oder mit wem sie sich verabredet haben, dann wird sie immer ganz deprimiert. Sie nimmt sich zwar fest vor, morgen spreche ich den ... an, aber sie ahnt sofort, dass sie diesen Mut niemals aufbringen wird.

a) Schildere die persönliche Situation von Lisa.

b) Hast du Ratschläge für sie?
Trage die Tipps in das Schema ein.

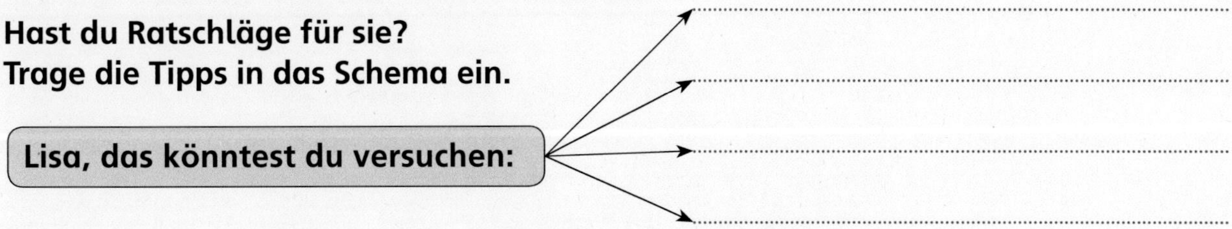

c) Diskutiert, ob die Tipps für Lisa praktikabel sind oder nicht.

❷ Möglichkeiten der Kontaktaufnahme

Jonas und Lukas sitzen auf einer Parkbank. Zwei Mädchen gehen Hand in Hand vorbei. Die beiden gefallen den Jungen. Sie möchten die beiden kennenlernen.

a) Sprecht über die Kontaktversuche von Jonas und Lukas.

b) Fallen dir spontan andere Möglichkeiten ein?

c) Spielt die Szene. Achtet besonders auf die Reaktion der Mädchen.

d) Trage Möglichkeiten der Kontaktaufnahme in eine Liste ein. Welche sind für die beiden Jungen Erfolg versprechend, welcher eher nicht?

Wer passt zu mir?

❶ Wie sollte meine Partnerin / mein Partner sein?

In Talkshows oder bei Profilbeschreibungen wird Kandidaten/Mitgliedern oft die Frage gestellt: Wie sieht Ihr Traummann oder Ihre Traumfrau aus?

Schreibe auf, welche Eigenschaften, welches Aussehen oder welche Hobbys für dich positiv oder negativ sind.

Das wünsche ich mir	Das würde mir missfallen

❷ Probleme – Fragen – Lösungen

Ich gehe seit drei Wochen mit meiner Freundin und stelle immer mehr fest, dass wir vollkommen unterschiedliche Interessen haben. Kann diese Beziehung überhaupt halten und sind gleiche Interessen nicht Grundlage für eine sinnvolle Partnerschaft?

Ich, Jurastudent, habe ein Mädchen kennengelernt, das nur die Förderschule besucht hat. Kann eine solche Partnerschaft überhaupt gut gehen oder sollte ich bei meiner künftigen Partnerin nicht ein gewisses Maß an Intelligenz voraussetzen?

Ich kenne seit vier Wochen einen netten Jungen, in den ich mich verliebt habe. Er gab zu, dass er mich nett findet, aber noch nicht mit mir gehen will, weil er die Trennung von seiner Freundin noch nicht überwunden hat. Soll ich auf ihn warten?

Ein Junge, der eine Klasse höher ist als ich, läuft mir immer nach. Aber er traut sich nicht, mich anzusprechen. Ich mag ihn, weil er gut aussieht und sehr hilfsbereit ist. Aber schüchterne Typen kann ich eigentlich nicht ausstehen. Soll ich es trotzdem mit ihm versuchen?

a) Äußere dich zu den Problemen. Wo liegt jeweils die Kernfrage?

b) Wozu würdest du raten? Schreibe eine oder mehrere Antworten.

Kompromisse sind wichtig

Partnerschaft bedeutet, kompromissbereit zu sein.
Henry steht morgens vor dem Spiegel und überlegt …

So ist Henry:

- Nichttänzer
- trifft sich gerne mit Freunden
- spielt gern am Computer
- liebt Actionfilme im Kino und Fernsehen
- ist Fußballfan
- geht gern essen, am liebsten Fleisch
- liebt das Faulenzen
- bewegt sich nicht gerne im Freien
- besucht gern Rockkonzerte
- hilft bei der täglichen Hausarbeit
- kauft seine Kleidung am liebsten online

So ist Lisa:

- liebt ein gemütliches Heim
- tanzt sehr gern
- geht gern vegetarisch essen
- mag schwimmen und Rad fahren
- liebt Urlaub bei Sonne und Strand
- lässt sich gern bei der Hausarbeit helfen
- recherchiert oft im Internet
- besucht Konzerte und Theater
- diskutiert gern mit Freunden
- geht gern ausgiebig shoppen

❶ Eine Partnerschaft einzugehen, bedeutet für beide, kompromissbereit zu sein. Erkläre diese Lebenseinstellung.

❷ Versuche, ein „Programm" aufzustellen, wie eine Partnerschaft zwischen Lisa und Henry funktionieren könnte.

Programm für Henry und Lisa

Manchmal passt es einfach nicht

❶ Partnerschaften können scheitern.

Manchmal sind die Unterschiede in Einstellungen und Verhalten so gravierend, dass es zu keiner sinnvollen Kompromissfindung kommen kann.

Beschreibe zwei Personen, Kai und Sophie, die so unterschiedlich sind, dass die Partnerschaft trotz Kompromissbereitschaft kaum funktionieren würde.

Kai:	Sophie:
hasst Tanzen isst vorwiegend Fleisch	leidenschaftliche Tänzerin überzeugte Veganerin

❷ Stelle in einem Schaubild dar, weshalb eine Partnerschaft scheitern kann.

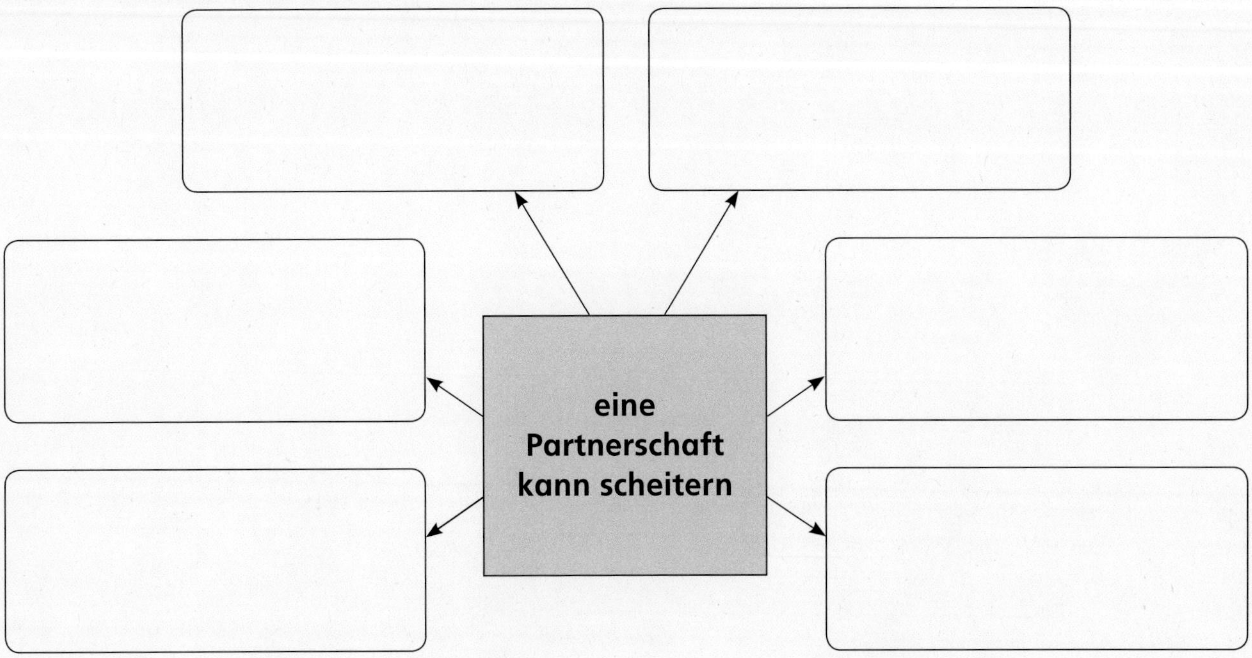

Religionen und ihre Symbole

❶ Menschen und ihre Religionen

Samstag, 5.30 Uhr: Vor dem Marktbrunnen eines Eifeldorfes versammeln sich Menschen, um zu einer Wallfahrt aufzubrechen. Als Symbol führen sie ein großes Holzkreuz mit. Ihr Ziel ist eine ca. 40 km entfernte Wallfahrtskirche. Diese wollen sie bis zum Abend erreichen, um dort einen Dankgottesdienst zu feiern.

Dienstag, 13.00 Uhr, auf einem Parkplatz an der Autobahn Richtung Hannover: Vier Männer steigen aus, gehen auf eine Wiese, legen ihre Jacken auf das Gras, verbeugen sich und beginnen zu beten.

a) Äußere dich zu den beiden Begebenheiten. Hast du Ähnliches schon erlebt?

b) Suche zu dem Thema aktuelle Berichte oder Bilder aus Zeitungen, Zeitschriften oder dem Internet.

❷ Symbole der großen Weltreligionen

a) Ordne den Symbolen die entsprechende Beschreibung zu.

b) Erläutere mit deinen Worten die Bedeutung der religiösen Symbole.

	**Christentum** Das Symbol ist das Kreuz, das Zeichen, dass Jesus für die Menschen am Kreuz gestorben ist.
	**Islam** Das Symbol ist der Mond mit Stern als Wegweiser für den Weg in der Nacht.
	**Hinduismus** Das Symbol ist das OM. Es ist Zeichen für die Kraft, die hinter allem steht und die wir Menschen uns nicht vorstellen können.
	**Judentum** Das Symbol ist der Davidsstern als Erinnerung an David, den größten König der Juden.
	**Buddhismus** Das Symbol ist ein Rad mit acht Speichen, der edle achtfache Pfad.

Religionen und ihre Verbreitung

Verbreitung der fünf Weltreligionen auf der Erde

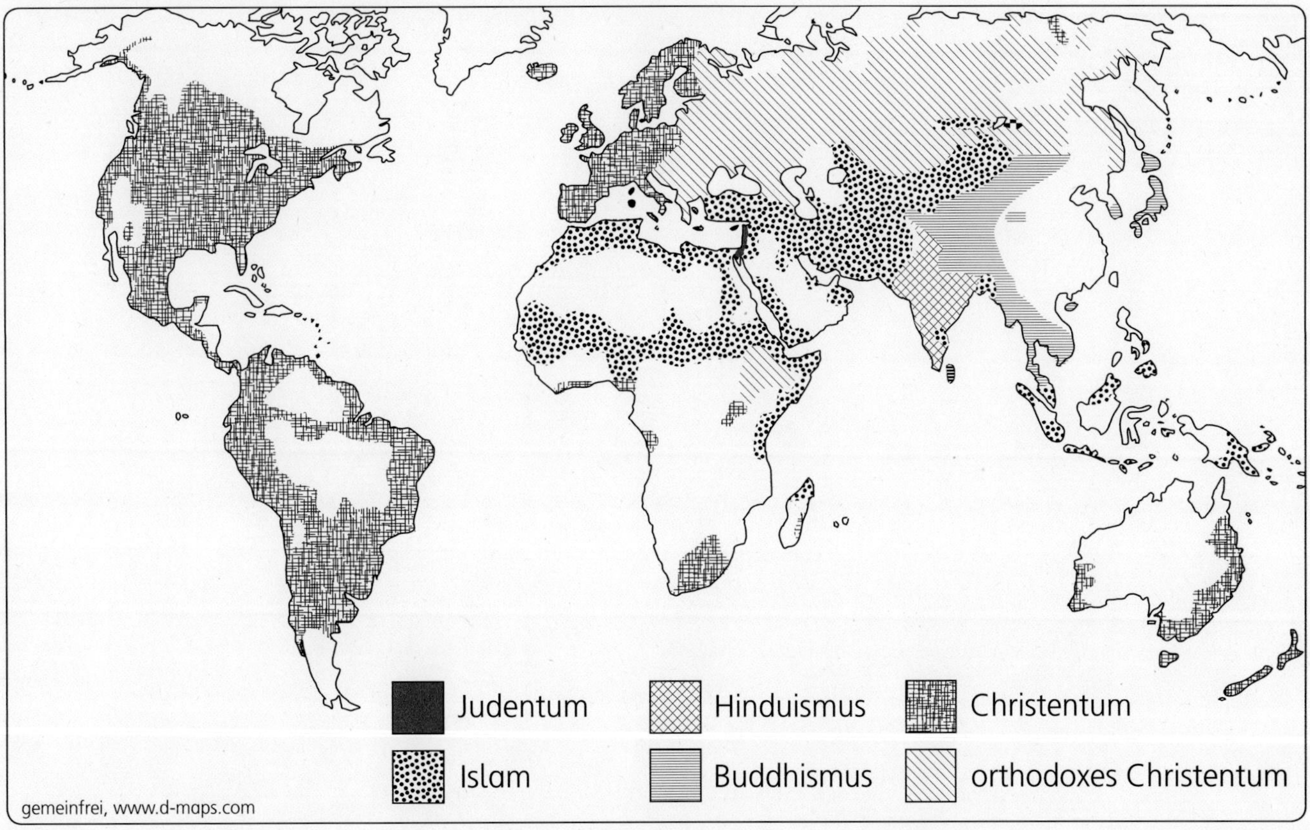

1 Lies die ursprünglichen Hauptverbreitungsgebiete der Religionen ab und ordne sie nach Erdteilen bzw. Regionen in die Tabelle ein.

Christentum	Judentum	Islam	Buddhismus	Hinduismus

2 In vielen Regionen der Erde vermischen sich die Religionen. Nenne Ursachen für die Schwierigkeit einer klaren Abgrenzung der Religionen.

Religionen haben Gemeinsames

Alle Religionen auf der Erde haben grundlegende Gemeinsamkeiten, die zu jeder Religion gehören und die es uns ermöglichen, Religionen miteinander zu vergleichen.

Gott (Götter): ein heiliges Wesen (große Kraft), das für die Entstehung der Erde und das Leben auf ihr verantwortlich ist, an das die Anhänger glauben, zu dem sie beten und das sie verehren

Religionsgründer: Menschen, die für die Entstehung der Religion besonders wichtig waren

Heilige Schriften: Alle Religionen vermitteln ihren Anhängern durch Schriften oder mündliche Überlieferungen Lehren, Verhaltensrichtlinien und Glaubensgrundsätze, die das Leben des Gläubigen bestimmen sollen.

Gebete: Alle Religionen erwarten von ihren Anhängern, dass sie sich Zeit nehmen, mit ihrem Gott in Verbindung zu treten, sei es durch Sprache, Lieder, Brauchtum oder Meditation.

Gebetshäuser: Stätten, in denen man Gott (oder dem heiligen Wesen) besonders nahe ist, in denen man ihn (oder es) besonders verehrt

Glaubensgrundsätze und Lebensvorschriften: Jede Religion umschreibt durch Glaubensgrundsätze, Traditionen oder besondere Lebensvorschriften die Erwartungen an ihre Gläubigen, die dadurch ihre Beziehung zu Gott und zu den Mitmenschen regeln.

Priester: Personen, die in besonderer Verantwortung zu Gott stehen, die Kontakt zu ihm halten oder herstellen und die als Mittler zwischen Gott und den Gläubigen gelten bis hin zur geistigen und moralischen Führung

Hoffnung nach dem Tod: die Überzeugung, dass der menschliche Geist oder die Seele nach dem Tod weiterlebt (an einem heiligen Ort oder durch Wiedergeburt), dass man nach dem Tod für das Leben auf der Erde Rechenschaft ablegen muss

Feste und besondere Mahlzeiten: Jede Religion bietet ihren Anhängern durch spezielle Feste die Möglichkeit, die Aufnahme in die Religionsgemeinschaft oder andere besondere Ereignisse zu feiern.

❶ **Sprecht über die grundlegenden Gemeinsamkeiten.**

❷ **Erstellt ein Schaubild mit der Überschrift „Grundlagen jeder Religion" und tragt die Gemeinsamkeiten ein.**

❸ **Erklärt, warum diese das Fundament einer jeden Religion darstellen.**

Der Hinduismus (1)

Der Hinduismus kennt **keinen Religionsstifter**, sondern entstand im Laufe von Jahrhunderten (seit ca. 2000 v. Chr.) durch die Verschmelzung verschiedener religiöser Strömungen im indischen Raum. Hindus glauben an **Brahman** (große Kraft, Ursprung der Welt). Es kann in unterschiedlichen Formen Gestalt annehmen. Die wichtigsten drei Gottheiten sind: **Brahma**, der Schöpfer aller Welten, **Vishnu**, der Bewahrer und Erhalter und **Shiva**, der Zerstörer.

Die ältesten Textsammlungen heißen **Veden** (heiliges Wissen); sie gelten für den Hindu als heilige Offenbarung und beinhalten Opfersprüche, Gesänge, Zauberworte und Lieder an die Götter. Zu den wichtigsten heiligen Schriften zählen die **Upanishaden**; diese lehren, dass Brahman allgegenwärtig in jedem Lebewesen wohnt. Die **Ramayana** ist ein anderes heiliges Buch. Sie berichtet von den Erlebnissen des Gottes **Rama** auf der Erde.

Die Verehrung der verschiedenen Gottheiten ist im Tempel **Mandir** (Ort der Anbetung) möglich. Der Gläubige läutet beim Betreten mit einer Glocke, um anzuzeigen, dass er den Tempel zum Gebet betritt. Darüber hinaus findet die **Gottesverehrung im Hause** statt. Hindus laden die Gottheiten zu sich ein, bewirten sie und bringen ihnen kleine Geschenke. Fast jede Familie besitzt ein besonderes Zimmer oder eine Nische, in welcher die Gottesverehrung stattfindet. Die traditionellen Gebete der Hindus heißen **Pujas**. Oft werden zum Gebet Räucherstäbchen angezündet. Ihr Duft soll daran erinnern, dass Gebete unsichtbar wie Rauch sind, dass sie aber dennoch Positives in der Welt bewirken können.

Die Hindus glauben, dass das Lebensschicksal des Menschen festgelegt ist. Jeder wird in eine bestimmte **Kaste** hineingeboren und sollte sich in ihre Ordnung einfügen. Die Zugehörigkeit zu einer Kaste legt für jeden Hindu genau fest, welche Rechte und Pflichten er hat. Heute wird die gesellschaftliche Position nicht mehr als von Gott gegeben angesehen, sondern der Hindu versucht, seine Stellung zu ändern und zu verbessern, mit seinen eigenen Fähigkeiten mehr zu erreichen.

oberste Kaste	**Brahmanen**	Priester, Gelehrte
zweite Kaste	**Kshatriyas**	Politiker, Fürsten, Krieger
dritte Kaste	**Vaishyas**	Kaufleute, Bauern, Handwerker
vierte Kaste	**Shudras**	das einfache Volk, Arbeiter, Diener
Kastenlose	**Chaudalas, Harijans**	die Unberührbaren
	Nicht-Hindus	

Der Hinduismus (2)

Die Hindus glauben an die **Reinkarnation** (Kreislauf von Geburt – Tod – Wiedergeburt). Wiedergeburt bedeutet immer Rückkehr zum leidvollen Leben. Darum sehnt sich der Hindu danach, die wahre Erleuchtung und Befreiung von der Wiedergeburt zu erlangen. Er strebt nach einem guten **Karma** (das den Menschen bestimmende Schicksal), denn die im Leben begangenen Taten sind ausschlaggebend für das Schicksal eines Menschen im nächsten Leben. Schlechte Taten verhindern die Erlösung und sorgen für eine Wiedergeburt in einer niederen Lebensform oder Kaste. Symbol für diesen Kreislauf ist ein Kreis mit der Silbe **OM** in der Mitte. Die Silbe OM bedeutet die Versetzung in eine andere Welt.

Lebensregeln der Hindus	
Verbote	**Gebote**
• zerstören oder verletzen • lügen • stehlen • andere beneiden • unbeherrscht und gierig sein	• sich rein halten • zufrieden sein • freundlich und geduldig sein • sich bilden • sich ganz auf Brahman (oder Gott) ausrichten

Hindu ist man von Geburt an. Schon bei der Geburt wird das Neugeborene durch ein Gebet, das ihm ein Familienmitglied ins Ohr flüstert, begrüßt. Zwischen dem 7. und 12. Lebensjahr werden die Jungen durch die **Zeremonie der heiligen Schnur** in den Kreis der Erwachsenen aufgenommen. Während der Feier legt der Priester dem Jungen die heilige Schnur über die linke Schulter. Damit hat der Junge die gleichen Aufgaben wie jeder Erwachsene.

Im Hinduismus werden viele Feste gefeiert, die wichtigsten sind das Frühlingsfest **Holi** und das hinduistische Lichterfest **Divali**. Hierbei werden Lichterketten, Lampen und Kerzen entzündet, um Lakshmi, der Göttin des Wohlstandes, und um Vishnu, dem Beschützer der Menschheit, den Weg in das Haus zu deuten.

❶ Unterstreiche im Text die wichtigsten Stellen.

❷ Sprecht über die Grundlagen des Hinduismus.

❸ Warum bemüht sich jeder Hindu um eine positive Lebensgestaltung?

❹ Vergleiche die Lebensregeln der Hindus mit den zehn Geboten der Christen.

Der Buddhismus (1)

Der Buddhismus wurde im 6. Jahrhundert v. Chr. von **Prinz Siddhartha Gautama** im heutigen Nepal ins Leben gerufen. Der Prinz führte dort ein Luxusleben. Begegnungen mit Alter, Krankheit und Tod führten bei Siddhartha zu einer radikalen Umkehr. Er verließ seine gewohnte Umgebung, um in Armut über das Leiden in der Welt nachzudenken. Nachdem er viele Jahre meditiert hatte, wuchs in ihm die Überzeugung, er habe den Sinn des Daseins und des Leidens erkannt. Er war ein **Buddha** (der Erleuchtete) geworden.

So begann er zu predigen und lehrte die Menschen, wie sie ein Ende ihrer Leiden finden und durch die **vier edlen Wahrheiten** zur Erleuchtung gelangen könnten.

Wat Traimit © saiko3p – Fotolia.com

Die Lehren des Buddha sind in einer Schriftensammlung überliefert, die als der **Dreikorb** (Tri-Pitaka) von allen Buddhisten anerkannt werden. Buddha wollte, dass die Körbe voll Weisheit wie Körbe voll Nahrung von einem zum anderen Menschen weitergereicht werden. Die Buddhisten erkennen die Existenz des Übernatürlichen, Zeit- oder Formlosen an, aber sie glauben nicht an einen allmächtigen Schöpfergott. Wenn sie beten, wenden sie sich an den Geist des Buddha, der nach ihrem Glauben in jedem Menschen wohnt. Die Verehrung Buddhas findet sowohl im **Tempel** wie auch **zu Hause** statt. Eine Statue oder Schnitzerei ziert die Gebetsstätte. Beten und Meditieren sind die wichtigsten Ausdrucksformen. Durch **Meditation** strebt man Weisheit und moralische Stärke an.

Wegweisend für das Leben eines Buddhisten ist es, sich an jedem Tag und in jeder Lebenssituation den vier edlen Wahrheiten zu stellen und dem edlen achtfachen Pfad zu folgen:

Die vier edlen Wahrheiten

1. Alles Leben ist gleichzeitig Leiden: Geburt, Alter, Krankheit, Tod, mit Unlieben zusammen, von Lieben getrennt, nicht erlangen, was man begehrt …
2. Die Ursache von Leiden und Wiedergeburt ist das Begehren oder die Gier.
3. Das Ende des Leidens kommt mit dem Ende der Gier durch die Überwindung des Begehrens.
4. Der Weg zum Ende des Leidens wird durch den edlen achtfachen Pfad erreicht.

Der edle achtfache Pfad

1. rechte Anschauung
2. rechte Gesinnung
3. rechte Rede
4. rechtes Handeln
5. rechte Lebensweise
6. rechtes Streben
7. rechtes Überdenken
8. rechtes Sichversenken

Der Buddhismus (2)

Das höchste Ziel des Buddhisten ist das Erreichen des **Nirwana**, ein Zustand totaler Befreiung von jeder Bindung an die Welt, von Unwissenheit und Begierde, ein Zustand ewiger Festigkeit, Reinheit, Ruhe, also eine Insel der ewigen Glückseligkeit. Um dieses Ziel zu erreichen, muss der Mensch eine Kette von **Wiedergeburten** über sich ergehen lassen. Das Handeln im vorausgegangenen Leben ist dabei ausschlaggebend für das neue Leben. Ist der Weg in das Nirwana frei, kann der Mensch aus dem Kreislauf der Wiedergeburten ausbrechen.

Buddhist wird man nicht durch die Geburt, sondern durch die eigene freie Entscheidung. Viele Jugendliche verbringen ein bis drei Monate im Kloster, um mit den Lehren und Lebensformen des Buddhismus vertraut zu werden.

Besondere Feste sind: **Wesak** zur Erinnerung an die Geburt, die Erleuchtung und den Tod des Buddha und das **Fest der schwimmenden Kerzen** am Ende der Regenzeit. In Blätterschalen treiben brennende Kerzen den Fluss hinunter, als Wegweiser in das Land der Wahrheit.

❶ **Sprecht über die Entstehung und die Hauptlehren des Buddhismus.**

❷ **Das Symbol des Buddhismus ist der achtfache Pfad. Notiere die einzelnen Stichworte an das Symbol.**

❸ **Ordne die folgenden Umschreibungen dem achtfachen Pfad zu und formuliere Beispiele:**

- *klar erkennen, was wir mit unserem Leben tun*
- *sich auf die jeweilige Aufgabe konzentrieren*
- *zu jeder Zeit das Beste versuchen*
- *das Leben bewusst und aufmerksam gestalten*
- *sich von Güte und Friedfertigkeit bestimmen lassen*
- *keine bösen oder schädlichen Dinge sagen*
- *beim Handeln nicht nur an sich selbst denken*
- *nichts tun, was anderen Lebewesen Schaden zufügt*

❹ **Erläutere die fünf Grundregeln und vergleiche sie mit den Verboten bei den Hindus.**

Fünf besondere Verpflichtungen der Buddhisten

1. kein Lebewesen töten oder ihm Schaden zufügen
2. nichts nehmen, was einem nicht gehört
3. nicht seinen sexuellen Bedürfnissen freien Lauf lassen
4. nicht lügen oder etwas Grausames sagen
5. keinen Alkohol trinken oder Drogen nehmen

Das Judentum (1)

Der jüdische Glaube steht in unmittelbarer Verknüpfung zur Geschichte des Volkes Israel. Vor ca. 4000 Jahren lebte einer der Stammväter der Juden, **Abraham**. Im Gegensatz zu allen Völkern seiner Umgebung glaubte er nur an einen Gott, **Jahwe**. Jahwe schloss mit Abraham einen Bund: Er versprach ihm reichliche Nachkommenschaft und erklärte die Juden zu seinem auserwählten Volk, dem er das Land Kanaan (Palästina) geben wollte. Später zwang eine Hungersnot die Israeliten, ihre Heimat Palästina zu verlassen. In Ägypten wurden sie versklavt und von **Mose** zurück in das Gelobte Land geführt. Auf dem Weg durch die Wüste erneuerte Jahwe den Bund mit seinem Volk und gab ihm die zehn Gebote als Richtmaß allen Handelns.

Nach der Eroberung Palästinas durch die Römer wurden die Juden im Laufe der Geschichte aus ihrem Land vertrieben. Sie ließen sich in vielen Staaten der Erde nieder, ohne als Volk wirklich eine Heimat zu finden. Oft wurden Juden wegen ihres Glaubens verfolgt, vertrieben und getötet. Erst nach dem größten Verbrechen am jüdischen Volk, bei dem im nationalsozialistischen Deutschland (1933–1945) Millionen von Juden in West- und Osteuropa in Massenvernichtungslagern ermordet wurden, gründeten die Juden 1948 den Staat Israel.

Die heiligen Schriften

Die **Tanach** ist die jüdische Bibel. Sie besteht aus 39 Büchern (das Alte Testament). Dazu zählt: die **Thora** (die 5 Bücher Mose). Sie beschreibt die frühe Geschichte des Volkes Israel sowie Gesetze, die Jahwe Mose gab. Dazu kommen Verhaltensregeln für das tägliche Leben. Daneben gibt es noch die **prophetischen Bücher**, die teilweise auf die spätere Geschichte des jüdischen Volkes hinweisen sowie die **Schriften**. Zu ihnen gehören verschiedenartige Bücher, z. B. die Psalmen (religiöse Lieder).

Gebete und Gebetshäuser

Die Juden halten ihren Gottesdienst in **Synagogen** ab. Vom Vorlesepult, der **Bimah**, wird aus der Thora vorgetragen. Als Zeichen der Ehrerbietung vor Gott tragen die Juden sowohl beim Gebet in der Synagoge wie zu Hause die **Kippa** (Kopfbedeckung). Um den Arm und den Kopf geschlungene **Gebetsriemen** und ein über den Kopf geschlungener **Gebetsschal** ergänzen die Gebetstracht.

Zentrale Glaubensaussage ist das **Schma Jisrael**, ein Bibelausschnitt, der jeden Morgen und jeden Abend gebetet wird. Er beginnt mit den Worten: *„Höre Israel, der Herr, dein Gott, ist Gott allein, und du sollst Gott, den Herrn, mit ganzem Herzen, von ganzer Seele und mit ganzem Gemüt lieben."*

Der **Sabbat** ist der heilige Tag der Juden. Er ist jeweils vom Sonnenuntergang am Freitag bis zum Sonnenuntergang am Samstag. Am Sabbat dürfen Juden nicht arbeiten. Es ist ein Tag der Ruhe und der Gottesverehrung. Oft wird in der Familie ein besonderes zeremonielles Mahl gehalten.

Ein speziell ausformuliertes Glaubensbekenntnis gibt es im jüdischen Glauben nicht.

Gott ist für die Juden der Schöpfer der Welt, der auch den Zeitpunkt für das Ende der Welt festlegt. Nach dem Tod wird der Mensch von Jahwe zu einem neuen Leben auferweckt.

Das Judentum (2)

Jüdische Eltern geben ihren Kindern in der Regel zwei Namen, den normalen Vornamen und einen weiteren Namen, der an eine bedeutende Person aus der Geschichte Israels erinnert. Mit zwölf Jahren bei den Mädchen und 13 Jahren bei den Jungen werden die Jugendlichen in einer feierlichen Zeremonie, dem **Bat-Mizwa** (Tochter des Gesetzes) oder **Bar-Mizwa** (Sohn des Gesetzes), in die Gemeinde aufgenommen. Bis zu diesem Tag sind sie mit den jüdischen Glaubensregeln vertraut gemacht worden und sollen sich nun selbst für ihr Handeln verantwortlich zeigen.

Feste und Feiern

Der höchste Feiertag bei den Juden ist **Jom Kippur**, ein Tag, der besonders der Verehrung Gottes durch Fasten gewidmet ist. Die Juden fasten, beten und erbitten von Jahwe Vergebung für ihre Sünden.

Beim Passah- oder **Pessachfest** erinnern sich die Juden an den Auszug aus Ägypten und ihre Rettung. Nach einem festgelegten Ritus (der Familienvater betet, bricht ungesäuertes Brot, verteilt es an die Anwesenden und erzählt die Geschichte vom Auszug aus Ägypten) wird das Fest im Familienkreis gefeiert. Häufig werden Freunde dazu eingeladen.

Lebensregeln: Die zehn Gebote

1. Ich bin der Herr, dein Gott! Neben mir gibt es für dich keine anderen Götter.
2. Missbrauche nicht den Namen des Herrn, deines Gottes; denn der Herr wird jeden bestrafen, der das tut.
3. Beachte den Tag der Ruhe! Halte ihn frei von Arbeit. Er gehört dem Herrn, deinem Gott.
4. Ehre deinen Vater und deine Mutter!
5. Morde nicht!
6. Zerstöre keine Ehe!
7. Beraube niemanden seiner Freiheit und seines Eigentums!
8. Sage nichts Unwahres über deinen Mitmenschen!
9. Suche nicht die Frau eines anderen an dich zu bringen!
10. Blicke nicht begehrlich auf das, was einem anderen gehört!

❶ **Berichte aus der Geschichte des Judentums.**

❷ **Trage auf einer Karteikarte die Kernbegriffe der jüdischen Religionen in Stichworten zusammen.**

❸ **Erkundigt euch, ob es in eurem Wohnort oder in der Nähe eine Synagoge gibt oder ob Menschen jüdischen Glaubens dort wohnen. Vielleicht könnt ihr einen von ihnen zu einem Gespräch in die Schule einladen.**

❹ **Informiere dich über die Judenverfolgung zur Zeit des Nationalsozialismus.**

Z Lest im Levitikus (3. Mose) einige Opfer- und Reinheitsgesetze nach und sprecht darüber.

Der Islam (1)

Der islamische Glaube geht auf den **Propheten Mohammed** zurück, der um 570 n. Chr. in **Mekka** geboren wurde. Mohammed wuchs nach dem frühen Tod seiner Eltern bei einem reichen Onkel auf. Er wurde Karawanenführer und lernte auf seinen weiten Reisen nicht nur Land und Leute, sondern auch andere Religionen wie Christentum und Judentum kennen.

Nach seiner Heirat mit einer vermögenden und einflussreichen Witwe hätte er eigentlich ein sorgenfreies Leben führen können. Aber immer häufiger zog sich Mohammed zum Beten und Meditieren in die Einsamkeit der Berge zurück. Im Alter von über 40 Jahren hatte er eine Offenbarung, die sein Leben vollkommen veränderte. Der Erzengel Gabriel erschien ihm und trug ihm auf, sich nur noch für **Allah**, den wahren und einzigen Gott, einzusetzen.

Mohammed begann – entsetzt über die vielen Götter, die in **Mekka** verehrt wurden, und beseelt von dem Gedanken der Prophet Allahs zu sein –, in Mekka zu predigen. Nach anfänglichem Spott antworteten die Bewohner bald mit offener Feindschaft. Mohammed floh nach **Medina**. Dort gelang es ihm rasch, Anhänger zu gewinnen. Mit der Flucht nach Medina beginnt 622 die islamische Zeitrechnung. 630 schließlich konnte Mohammed an der Spitze einer riesigen Prozession in Mekka einmarschieren, nachdem er zuvor seine Gegner besiegt hatte. Die Götzenbilder wurden zerstört, Allah war fortan der einzige Gott, der in Mekka verehrt wurde. Innerhalb der nächsten hundert Jahre breitete sich der Islam rasch aus und wurde zur Weltreligion.

Der Islam hat seinen eigenen Kalender, ebenfalls zwölf Monate, jedoch nur 29 bzw. 30 Tage. Das Jahr ist also elf Tage kürzer.

Heilige Schriften

Der **Koran** ist die heilige Schrift des Islam. Er enthält Aussagen über Allahs Allmacht, seine Weltschöpfung, Schilderungen des Jüngsten Gerichtes sowie Vorschriften, die das Recht bzw. religiöse Riten betreffen. Alle diese Aussagen wurden Mohammed vom Erzengel Gabriel mitgeteilt. Der Koran besteht aus 114 Suren (Abschnitte).

Gebetshäuser

Die **Moschee** ist das Gottes- und Versammlungshaus der Moslems. Zur Moschee gehört ein Turm (**Minarett**), von dem die Gläubigen fünf Mal am Tag vom **Muezzin** zum Gebet gerufen werden. Beim Betreten der Moschee ziehen die Moslems die Schuhe aus und vollziehen vorher die notwendigen Waschungen. Im Vorhof der Moschee gibt es meist eine Wasserstelle. In der großen Gebetshalle liegen Matten, auf denen man knien kann. Freitags, dem islamischen Feiertag, ist um die Mittagszeit eine gottesdienstliche Veranstaltung mit Gebet und Predigt.

Nach seinem Tod wartet der gläubige Moslem auf den **Tag des Jüngsten Gerichtes**, an dem die Welt ihr Ende findet, der Mensch wieder zum Leben erweckt wird und Allah über alle Menschen richtet. Wer nach dem Wort Allahs gelebt hat, geht ins **Paradies** ein, allen anderen wird der Weg ins Paradies verwehrt.

Der Islam (2)

Glaubensgrundlage: Fünf Säulen des Islam

1. **Schahada** (Glaubensbekenntnis)
   Mit dem Bekenntnis „Es gibt keinen Gott außer Allah und Mohammed ist sein Prophet, ich bezeuge es" erkennt der Moslem die Einzigartigkeit Allahs sowie den Koran als Wort Gottes an. Dies ist der Kernsatz des muslimischen Glaubens. Schon das Neugeborene bekommt diesen Satz von seinem Vater ins Ohr geflüstert.

2. **Salat** (tägliches Pflichtgebet)
   Das fünfmal täglich zu sprechende Pflichtgebet dient der Ehrerbietung vor Gott. Es ist zu genau festgesetzten Zeiten zu sprechen (vor Sonnenaufgang, mittags, nachmittags, nach Sonnenuntergang, bei völliger Dunkelheit). Muslime beten immer in Richtung der heiligen Stadt Mekka. Zumindest vor dem Morgengebet ist eine Reinigung und Waschung geboten. Der Moslem kann dort beten, wo er sich gerade befindet. Bevor das Gebet in arabischer Sprache begonnen wird, legen sie meist einen Gebetsteppich (oder ein Kleidungsstück) aus. Die einzelnen Gebetshaltungen sind genau vorgeschrieben.

stehen | **verbeugen** | **knien** | **Prosternation** (den Boden mit der Stirn berühren)

3. **Zakat** (vorgeschriebenes Almosen)
   Alles, was über die eigenen Lebensbedürfnisse hinausgeht, ist Eigentum Allahs. Deshalb ist es Pflicht, für die Bedürftigen (Armen, Witwen, Waisen) Almosen zu geben, eine Art Sozialsteuer in Höhe von 2,5 % des Einkommen und sämtlicher Vermögenswerte. Die Almosen können in Bargeld, Getreide oder Waren geleistet werden. Zakat wird alljährlich am Fest **Eid al-Fitr** gegeben.

4. **Saum** (Fasten im Monat Ramadan)
   Der **Ramadan,** der 9. Monat des muslimischen Jahres, erinnert daran, dass dem Propheten Mohammed in diesem Monat zum ersten Mal die Lehre Allahs offenbart wurde. Daher fasten die Moslems jeden Tag dieses Monats. Vom Beginn der Morgendämmerung bis zur Dunkelheit essen, trinken und rauchen sie nicht. Ausgenommen von der Fastenpflicht sind alte Menschen, Kranke, Kinder und schwangere Frauen. Der Fastenmonat Ramadan wird mit einem großen Familienfest, dem **Eid al-Fitr** (Zuckerfest), beendet.

5. **Hadsch** (Wallfahrt nach Mekka)
   Jeder Moslem muss einmal in seinem Leben, soweit es ihm materiell möglich ist, eine Pilgerfahrt nach **Mekka** unternehmen. Viele Moslems sparen ihr Leben lang Geld für diese eine Reise. zehn Wochen nach dem Ende des Fastens ist der offizielle Beginn der 14 Tage dauernden Wallfahrt. Etwa 2,5 Millionen Moslems treffen dann jedes Jahr in Mekka ein, um eine genau festgelegte Abfolge von Kulthandlungen gemeinsam durchzuführen. Wer die Pilgerreise durchgeführt hat, darf den Ehrentitel „Hadschi" führen.

Der Islam (3)

❶ **Berichte über die Entstehung des Islam.**

❷ **In welchem Jahr der islamischen Zeitrechnung befinden wir uns heute?**

❸ **Beschrifte die fünf Säulen des Islam und erkläre deren Bedeutung.**

....

....

....

....

....

❹ **Trage auf einer Karteikarte zehn Kernbegriffe zum Islam ein.**

Z Befragt moslemische Mitschüler über den islamischen Glauben und lasst euch besondere Festtage und Riten erklären.

Das Christentum (1)

Für die Christen ist **Gott der Schöpfer der Welt**, sein **Sohn Jesus Christus** hat die Menschheit von ihren Sünden erlöst und der **Heilige Geist** möchte in jedem Menschen wirken, um ihn zum Guten zu bewegen.

Vor ungefähr 2000 Jahren wurde **Jesus** in Palästina, dem Gebiet des heutigen Israel, geboren. Er wuchs als Sohn einer jüdischen Familie in dem kleinen Ort **Nazareth** auf, wo er später als Zimmermann arbeitete.

Im Alter von ca. 30 Jahren begann Jesus seine Lehrtätigkeit in ganz Palästina. Er sammelte eine Schar von **Jüngern** (Anhängern) um sich, die ihn auf seinen Wanderungen begleiteten. Wo Jesus auch hinkam, zog er die Menschen durch seine Worte und Taten an. Er sprach über Gott und dessen Fürsorge für die Menschen, über die Nächstenliebe und vollbrachte in Gottes Namen viele wunderbare Taten. Jesus wandte sich den Verachteten und Ausgestoßenen zu und heilte Kranke. Den streng gläubigen, religiös führenden Juden waren seine Worte und Taten ein Dorn im Auge. So wurde Jesus schließlich als Volksaufwiegler durch die römische Besatzungsmacht zum Tode verurteilt und gekreuzigt.

Nach drei Tagen ist Jesus – nach der christlichen Lehre – von den Toten auferstanden und vielen Menschen erschienen. Durch seine Auferstehung hat Jesus den Tod besiegt. Die Christen glauben, dass Jesus als der Sohn Gottes am **Tag des Jüngsten Gerichtes** auf die Erde zurückkehrt, um über die Menschen zu richten.

Neben der Liebe zu Gott ist für den Christen die Liebe zu seinen Mitmenschen das wichtigste Gebot. Grundlage jedes christlichen Lebens sind die **zehn Gebote** nach 5. Mose 5,1–21 (siehe Seite 51).

Heilige Schriften

Das heilige Buch der Christen ist die **Bibel**, bestehend aus den 39 Büchern des **Alten Testaments** und den 27 Schriften des **Neuen Testaments**. Zum NT gehören

- die 4 Evangelien, die vom Leben und Wirken Jesu berichten,
- die Apostelgeschichte, die die Geschichte der ersten Zeit nach dem Tod Jesu erzählt,
- die Apostelbriefe, die an die ersten christlichen Gemeinden gerichtet sind,
- die Offenbarung, eine Vision über die Endzeit der Erde.

Das Christentum (2)

Christ wird man durch die **Taufe**. Viele Eltern lassen ihr Kind schon während der ersten Lebensmonate taufen. Sie versprechen bei dieser Zeremomie, das Kind im christlichen Glauben zu erziehen. Das Versprechen, sich für Gott und die christliche Lehre einzusetzen, erneuern die Jugendlichen in der **Firmung** oder der **Konfirmation**.

Die wichtigsten christlichen Feste sind an dem Leben Jesu orientiert: **Weihnachten**, das Fest seiner Geburt, und **Ostern**, die Feier von der Auferstehung vom Tod.

Gebet und Gebetshäuser

Das Gotteshaus der Christen nennt man **Kirche**. Hier versammeln sich die Gläubigen zum Gebet und zur Feier des Gottesdienstes. In jeder Kirche gibt es einen **Altar** (besonderer Tisch), an dem die **Eucharistie** oder das **Abendmahl** gefeiert wird. Durch die Eucharistie oder das Abendmahl – hier wird den Gläubigen eine kleine Brotoblate und ein Schluck Wein gereicht – sind die Christen besonders eng mit Jesus verbunden.

Beten kann man überall: in der Kirche, in der Familie oder in der Natur. Ein Dankgebet zu den Mahlzeiten oder ein kurzes Gebet am Morgen oder vor dem Schlafengehen sind die traditionellen Familiengebete.

❶ **Berichte über die Entstehung des Christentums.**

❷ **Erläutere Grundbegriffe der christlichen Lehre.**

❸ **Besucht eine christliche Kirche in eurem Wohnort.**

❹ **Sprecht über die Reformation und die Entstehung der evangelischen Kirche.**

Z Die christliche Kirche kommt in drei wesentlichen Ausprägungen vor: griechisch-orthodox, katholisch, evangelisch. Lies im Geschichtsbuch nach, wann und wie es zur Trennung gekommen ist.

Unterschiede und Gemeinsamkeiten der Religionen

Kannst du die wichtigsten Weltreligionen auseinanderhalten?

Trage die wichtigsten Aussagen in die Tabelle ein. Bei Bedarf kannst du ruhig noch einmal in deinen Unterlagen nachlesen.

	Gottheiten und Religionsgründer	heilige Schriften	Gebete und Gebetshäuser	Feste und Feiern	Tod – und dann
ॐ					
☸					
✡					
☪					
✝					